ここまでわかった

催眠の世界

裸の王様が教えるゾーンの入り方

萩原優

保江邦夫

明窓出版

ここまでわかった 催眠の世界 裸の王様が教えるゾーンの入り方 ―目次―

Part 1 日常的な体験としての「催眠」（対談1回目）

Part 2

潜在意識はシンクロする

Part 3

物理学の「くりこみ理論」と催眠の共通点とは?

Part 4 スプーン曲げの原理とアカシックレコード

Part 5 すべての武術の極意は催眠にあり！（対談2回目）

Part 6 催眠に代わる言葉は「コンタクト」

Part 7 潜在意識・神様の世界とのつながり方

はじめに

萩原　優（イーハトーヴクリニック院長）

私が初めて保江邦夫先生の姿をお見かけしたのは、元ソニーの天外伺朗《てんげしろう》さんが主催されていた「ホロトロピック・ネットワーク」の会に出席したときでした。

同じパネリストとして登壇されていた保江先生は、参加者から「愛とはどういうものですか？」という質問を受けられたのですが、どんな返答をされるのだろうかと、私は興味津々でした。

すると、保江先生は言葉では答えずに、あることをされました。

会場にいたその女性に声をかけたかと思うと、なんとその女性の手を取ってその場で軽やかにダンスを舞われたのです。

「愛とは何か？」などと問われると、誰もがつい人としての理想的な在り方を語りがちです。

それなのに、言葉ではなく、ダンスという動作で示す、そんなみごとな回答をされたことには驚いて、「すごいなぁ」と感心しました。

残念ながら、その席上では保江先生と直接お話しする機会はなかったので、今回の対談のお話をいただいたときには、「理論物理学の先生だからさぞ難しいお話をされるのでは……」と、内心ヒヤヒヤしていました。

ところが、実際にお会いして対談がスタートしたら、とても平易な言葉でお話しくださり、いろんな話題が次々とのぼってきて、あっという間に時間が過ぎていきました。

そのおかげで、日常生活のほとんどが催眠状態であるということを確認しつつ、催眠という言葉に代わる新たな用語（「コンタクト」）までご提案いただき、保江先生の発想の豊かさと、潜在意識が秘めているすばらしい可能性を改めて確認することができました。

これもひとえに、保江先生が普段から潜在意識の領域におられる、つまり自己催眠力が高いからで、だからこそ「神様に溺愛される生き方」を体現されてこられたのだろうと思います。

読者の皆さまに、本書を通じて催眠のすばらしさについて知っていただければ、嬉しいかぎりです。

Part 1

日常的な体験としての「催眠」

（対談1回目）

憧れの人物は、ノーベル物理学賞を受賞したファインマン先生

保江　今日は、僕が日頃催眠について感じていることを、その道の専門家であられる萩原先生にいろいろとお伺いしたいと思いますので、どうぞよろしくお願い致します。

萩原　はい、こちらこそ、どうぞよろしくお願い致します。

保江　僕は、一般に催眠術と呼ばれているものが、どのようなメカニズムによって起こるのかについて自分なりに理解したいと思っています。

今回、この対談を通して、その糸口が見つけられるんじゃないかと楽しみにしています。

いわゆる催眠術については、昔よくテレビで催眠術師が、「あなたにはこの甘い桃を食べてもらいます」などといって被験者に玉ねぎを渡すと、受け取った人が実際に美味しそうに食べたりする場面があったりして、若い頃の僕も「すごいなー」と感心したものです。

ただ、テレビ番組を観ているだけでは「?」マークも多かったんですが、本当に催眠術が人間の意識に作用を与えているということを確信するきっかけになったのは、僕が大学に入ってからのことです。

ファインマン先生

大学院生になった頃、理論物理学者を目指していた僕には、将来あんな物理学者になりたいと憧れていた人物がいました。それは、アメリカ人のリチャード・ファインマン先生というノーベル賞を受賞した天才物理学者です。

カリフォルニア工科大学の教授だったファインマン先生は、残念ながらもうお亡くなりになりましたが、「ファインマンダイアグラム」と「経路積分量子化」で量子電磁力学の発展に大きく貢献し、朝永振一郎先生とともに、1965年にノーベル物理学賞を受賞されました。

僕がなぜファインマン先生に憧れたかというと、いつも、一般的にはまずないくらいに奇想天外な発想をしながら、好奇心に導かれるままにあらゆる可能性を探究する人生を送られていたからです。

例えば、普通の物理学者なら、電子や光について、「マイナスの電荷を持つ電子とプラスの電荷を持つ反粒子の陽電子があって、その両方が合わさると光となって消滅する」という程度の理解しかありません。

ところが、ファインマン先生は、すでに大学院生の頃に、「電子と陽電子の2種類があるのは美しくない」との発想から、教授に向かって「そんな宇宙はおもしろくもない」とくってかかったそうです。

そこで教授から、

「では、ファインマン君、君はどう思うのかね?」と問われたファインマン青年は、「待ってました!」とばかりに滔々《とうとう》と自説を解き、今ではその考えが現代物理学のスタンダードな標準理論になっているのです。

わかりやすくいうと、それはこんな発想です。

・電子には、過去から未来に向かって進んでいく電子と、未来から過去に遡る電子がある。
・過去から未来に進んでいく電子でできた私たちの身体から見ると、未来から過去に遡《さかのぼ》る電子は、陽電子（反粒子）として見える。

こんな誰も思いつかないユニークな発想ができるので、僕は学生の頃から目指すべきはファインマン先生だと思ってずっとやってきたわけですが、そのファインマン先生が晩年になって自叙伝（回想録）を出版され、その内容がやはり奇想天外で、専門外のことに関しても愉快なエピソードだらけなのです（『ご冗談でしょう、ファインマンさん』上・下〈岩波書店〉）。

ファインマン先生は大学院生の頃、自ら進んで催眠術を体験していた

保江　実は、その回想録の中に催眠術のことについても書かれているんですが、かいつ

まんでお話しすると、こんな内容です。
・カリフォルニア工科大学の心理学の教授が、当時、ファインマン先生が院生として所属していたプリストン大学大学院のアイゼンハート院長に対して、院生たちを対象に催眠術の実験をしたいと申し出た。
・そこで、アイゼンハート院長は、事前にかかりにくそうな学生とかかりやすそうな学生を見分けつつ、「誰か催眠術の実験台になる者はいないか？」と学生に声をかけた。
・すると、ファインマン青年だけが手を上げて、
「僕、僕、僕にやらせてください！」と叫び声を上げ、他の学生は誰一人として手を上げるものはいなかった。
・院長はファインマン青年に向かって、
「むろん君が申し出るとは思っていたがね。私はただ、君の他に誰かいないかと思って聞いたんだよ」といった。院長は、彼が名乗り出るのを見抜いていたのである。
・やがて、その心理学者が催眠術の実験にやってきて、リハーサルのような段階でファインマン青年に「君はもう目が開けられない」と声をかける……。

このとき、ファインマン青年はどんな気持ちだったかというと、回想録にはこう書かれています。

「僕は腹の中で、『目ぐらいいくらでも開けられるさ。だがせっかくの興をさましてもしょうがないから、どこまでいくか様子を見てやろう』と思った」

つまり、ファインマン青年は、催眠にかかったふりをしたわけです。当然、術をかける側からすれば、実験台としてはもってこいということになって、いざ本番へ！

当日、その心理学者（催眠術者）は、ファインマン青年を含め催眠術にかかりやすそうな学生たちをステージに上げて、大学院生全員の前で催眠術の実演を披露します。

いろんな術をかけていき、催眠にかかった学生たちに普通ならできないようなことをやらせたりした後で、

「実演が終わって元の状態に戻っても、（イスから立ち上がってステージからすぐに降りて）あたりまえにまっすぐ席には戻らず、ぐるっと聴衆の後ろを回って、わざわざ後ろから席に戻るだろう」と予言をします。

さて、そこでファインマン青年はどんな気持ちだったかというと……。

実験の間中、うっすらと周囲で起こっていることを意識してはいたものの、催眠術者の指示するとおりに動いていたので、心の中で、「くそ、もうたくさんだ！　席にまっすぐ戻ってやるぞ」と考えていたそうです。


ところが、いざ実験が終わって、イスから立ち上がってステージから降りる段になったとき、ファインマン青年の身体が異様な反応を起こしたのです。

「僕はまっすぐ席に戻っていこうとして歩きだした。ところがそのとき、とても嫌な気持ちがしはじめたのだ。気持ち悪くてとてもまっすぐ歩いていけたものではない」

そんな状態に陥ってしまったファインマン青年は、結局、催眠術者が予言したとおり、わざわざ会場の後ろをぐるっと大回りすることになってしまいます。

催眠術なんてインチキに違いない、それを自分が暴いてやろうと意気込んで被験者になったファインマン青年が、実際には知らない間にみごとに催眠術にかかってしまったわけです。

「彼は、催眠術にはかからないだろう」と思ってステージの下で見ていた学生たちも、驚いてファインマン青年に何があったのかを尋ねたところ、「頭ではかかっていないと思っていたけれど、まっすぐ歩いて行こうとしたらなぜか気持ちが悪くなったので、気持ちが悪くない方向に歩いていたらどうしても会場の後ろをぐるっと回るしかなかった」と答えたそうです。

この体験の後も、ファインマン先生は、女性の術者に催眠術をかけられた話を紹介しています。

それによると、マッチ棒に火をつけてすぐに消し、その燃えさしを手の甲につけるけれど催眠術にかかっていれば熱くないというもので、ファインマン先生は、そのときにかすかに暖かみがあったけれど、腹の中では「マッチ棒を熱くないものに瞬時にすり替えるマジックだ」と思っていたそうです。

ところが、実際に催眠術が終わってから自分の手の甲を見たファインマン先生は、こう述懐されています。

「僕はびっくり仰天した。手の甲にやけどがあるのだ。まもなくこれが火ぶくれになり、とうとう潰れてしまったが、痛みがちっともなかったのは不思議だった。

催眠術をかけられるというのはなかなかおもしろいものだ。僕たちは『できるけどやらないだけのことさ』といつも自分にいいきかせているわけだが、これは『できない』というのを別の言葉でいっているだけのことなのだ」と。

手を握るだけで催眠にかかりやすい人とそうでない人を見分けた催眠術師

保江　そんな体験を重ねたファインマン先生は、それ以来催眠にとても関心を持ち、人間の表面的な意識と背後にある何かがズレていて、どちらが自分の行動や感情をコントロールしているのかは単純にはわからないということから、自分の身体を使っていろんな実験をされたようです。

例えば、授業中、学生に指導をしているときに、同時に友人・知人の電話番号の一覧を思い出すことができるかとか、歌の歌詞を間違いなく再現しつつ誰かと会話ができるかなど、同時に二重、三重の思考・行動ができるかといった身体実験です。

そんなことをやっていたおかげか、晩年、ファインマン先生は重ね合わせの原理を使って多数の計算を並列処理する量子コンピュータの原理を編み出されました。

そんなすごい発想ができるファインマン先生も、被験者は操られているという自覚がないにも関わらず術者の言葉によって身体が自然に反応してしまうという催眠作用があるのは確かだけれど、「なぜそんなことが起きるのかまではよくわからない」ということでした。

保江邦夫氏

つまり、僕が院生の頃から憧れていた理論物理学の大先生が、催眠について「未知なるもの」とカミングアウトしていた、そのことが、僕が催眠のからくりを知りたいと思った動機です。

それと、昔、オーストラリアの有名な催眠術師が来日して、テレビで催眠術を披露する番組を観たことでより興味が湧いてきたのです。

その催眠術師は、会場から30人ほどの被験者を自分で選びながらステージに上げたのですが、そのとき、催眠術師は相手の手を握って、ステージに上がってもらう人とそうでない人を分けていました。

これは、ファインマン先生も体験していて、催眠術師は事前に催眠にかかりやすい人とかかりにくい人を選別して、かかりやすい人だけをステージ上に招いたのです。

相手と話をしてから判断するのならまだわかりますが、なぜ手を触っただけでそれがわかるのか？　催眠にかかりやすい人とかかりにくい人の違いは何なのか？　それがとても不思議でしたね。

萩原　アメリカに、米国催眠士協会（ＮＧＨ）という民間で一番大きな団体があって、その団体が主催する催眠ショーが、毎年アメリカで開催されています。
ＮＧＨは、１９５０年頃に設立された、世界65ヶ国に及ぶ世界最大規模の催眠士の非営利団体で、基本的には催眠療法の専門家の集まりなので、いわゆる催眠術師の会ではありません。

萩原　優氏

日本で行われる催眠術は、どこか怪しげな雰囲気が漂っていますが、アメリカの催眠士はとてもオープンで、催眠士もかなり高額のギャラがもらえるそうです。

私も、その催眠ショーを観に行ったことがあります。会場には８００人ほどの観衆がいて、やはりその中から20～30人ほどをステージに上げて暗示をかけるんですが、参加しているのは皆さん、基本的に催眠に関心が高い人たちです。

そこで暗示をかけるというのは、普段の顕在意識から無意識と呼ばれている潜在意識（＊コラム）の領域に導いていくことです。

催眠に入りやすい人をどうやって選ぶかというと、参加者にまっすぐに手を出してもらって、

「では、右手を裏返してください。その右手がどんどん軽くなっていきます」

「左の手には重たい辞書が乗っています」などと暗示の言葉をかけながら、左右の手が催眠士のいうとおりに上下に動いた人たちだけにステージに上がってもらうわけです。

■コラム　潜在意識とは？

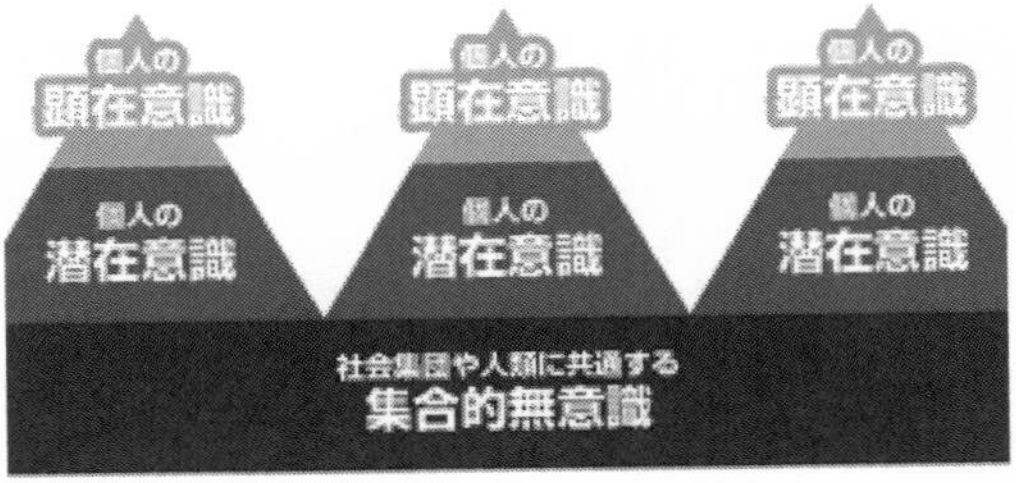

潜在意識とは、一般的に無意識と呼ばれる領域。それに対して、本人が自覚している意識のことを顕在意識（表面意識）と呼ぶ。これはよく氷山に例えられ、海面の下に沈んでいるのが潜在意識で全体の約90～95％、そして海面から出ているのが約10～5％の表面意識。

また、西遊記の物語にあるように、「孫悟空は自由自在に空を飛んでこの世の果てまで行けたように見えて、実はそれはお釈迦様の手のひらの上の出来事に過ぎなかった」という逸話にも置き換えられ、孫悟空＝顕在意識、お釈迦様の手のひら＝潜在意識といえる。

つまり、私たちは日々自分で考えながら生きていると思っているが、そう思っているのは氷山の一角である顕在意識に過ぎず、実のところ、知らず知らずのうちに潜在意識によって自分の思考や行動をコントロールしているということ。

また、意識は階層構造になっており、個人の顕在意識—潜在意識の下には社会や人類全体の集合的無意識があって、そこからの影響も受けている。

催眠療法では、この個人の潜在意識や集合的無意識、さらにその奥にある魂と呼ばれる領域にまで働きかけていく。

潜在意識が優位になる催眠とは、脳波がアルファ波になる「我を忘れている状態」

萩原　これは、言葉に対する反応によって被暗示性が高い人を簡単に見分ける方法ですが、今、先生がおっしゃったオーストラリアの催眠術師は手を触っただけでわかったわけですよね？

保江　はい。

萩原　なぜそれだけでわかったのかはっきりとはいえませんが、ただリラックスしていると交感神経が緩むので、体温が上がって手のひらが温かいですよね。

一方、身構えている人は筋肉が緊張していて、手のひらの筋肉も硬くなりやすいわけです。

なので、もしかすると、その催眠術師は長年の経験で相手の手を触っただけでその差がすぐにわかったのかもしれませんね。リラックスしているほど催眠に入りやすいですから。

保江　あー、なるほど！　身構えると緊張して身体が硬くなるので、それが伝わるわけですね。

萩原　ですから、アメリカの催眠ショーでも、選んだ20～30人に対して催眠状態に誘導しようとしてもステージに上がると緊張してしまって、すぐに催眠に入らない人もいます。

そこで、入りにくい人たちにはすぐにステージを降りてもらうんです。なので、実際には15人程度を対象にして催眠ショーを楽しむことになります。

保江 結局、緊張すると交感神経が高ぶって催眠にかかりにくくなるというわけですね。

萩原 はい。でも、一方で、緊張し過ぎて頭が真っ白になることがありますよね？ そんなときも、一種の催眠状態といえるんです。

保江 ほぉー。

萩原 つまり、潜在意識が優位になる催眠状態というのは「我を忘れている状態」だということです。

脳波でいうと、アルファ波（8～13Hz）やシータ波（4～7Hz）などの副交感神経優位のゆったりとした状態か、あるいは反対に、例えば自分の好きなサッカーチームを応援しているサポーターのように、我を忘れて興奮しているようなときも催眠状態といえるわけです。

保江　ということは、副交感神経優位の極と交感神経優位の極は似ているという……。

萩原　はい。車いすバスケットボールの有名な選手の試合中の脳波を測った実験があって、それによるとあんなに激しい動きをしている最中でも、脳波はリラックス状態を示すアルファ波やシータ波だったそうです。

あれだけ交感神経優位の状態にあるのだから、私も緊張時のガンマ波が出ているのかなと思ったら、実は逆だったんですね。

保江　なるほど、そういわれてみれば、ファインマン先生も物理学者として催眠術は効かないことを暴いてやろうと思っていたから、対決姿勢が強くて興奮していたのかもしれませんね。

萩原　そもそも、催眠はメスメリズムという動物磁気が関係しているのではないかと思われていたのですが、イギリス人医師のジェイムズ・ブレイドさんは、最初、「それは怪しい」と思って真相を暴くためにいろんな実験をしていたんですね。

そこで結局、催眠状態は実は動物磁気ではなくて、心理・生理学的な現象によって引き起こされているということがわかって、それ以来、「ヒプノシス＝催眠（ヒプノ hypno の由来はギリシャ語の hypnos〈眠り〉）」と呼ばれるようになったのです。

つまり、ミイラ取りがミイラになっちゃったわけです（笑）。

保江 ファインマン先生と同じように、暴こうとしてそこに関心を向けたということですね。

同じように、催眠にかかりやすい人も、「これから催眠にかかるんだ」という注意を向けている。ということは、無関心な人は催眠に入りにくいんでしょうか？

頭で分析しながら観ていると、感情が動かないので催眠状態にはなりにくい

萩原　そうですね。相手の言葉が耳に入らない、つまり感情が動かなければ催眠に入りにくいと思います。それは、顕在意識のままですから。

保江　やはり、感情が動くのがポイントですか？

萩原　はい。例えば、映画に感動して思わず泣いてしまったり、鳥肌が立つことがありますよね？

保江　はい、はい。

萩原　ところが、「私は映画を観ても泣いたことがないんです」というかたがいて、珍しいなと思って聞いてみたら、その人は映画関係の仕事をしている人だったんですね。

つまり、そのかたは映画を観ているときに、どういう光の当て方をしているかとかど

んな音響を使っているかとかが頭にあって、感情が動かないわけです。

保江 映画を観ながら理性的な判断をしている。

萩原 そう、頭で考えながら観ている、つまり顕在意識で分析しながら観ていると、感情は潜在意識の領域なのでそこまで入っていかないわけです。

プロの音楽家でもそのようなかたがいて、音符に注意が向けられているので感情は動かないんです。

保江 はい、います、います。僕の知っている音響エンジニアにもいて、彼はいろんな波形を見ているので、曲を味わうとかいう感覚ではないんですよね。

萩原 そこで、理性で分析しようとせずに、ただボーッとしながら味わっていると自然に催眠状態に入っていけるんです。

保江　なるほど。萩原先生は、催眠のメカニズムはすでにわかっているとお考えでしょうか？　それとも、現象としては数多くの知見が溜まっているけれど、まだ詳しいメカニズムはわかっていないとお考えですか？

萩原　詳しいメカニズムについてはわかりません。

冷蔵庫の原理はよくわからなくても、普通に冷蔵庫を使わせてもらっているのと同じで、催眠のメカニズムはわからなくても、実際にやってみると効果があるのは事実なので、臨床的に使わせてもらっている感じですね。

保江　ざっと調べてみても、催眠の原理、メカニズムについてきちっと明らかにしているものはないようですね。

先ほど先生がおっしゃられたように、昔は架空の動物磁気（メスメリズム）を想定した仮説があったようですが、今はそれに変わる仮説もないようで……。

先生はお医者さまですから、脳波にお詳しいかと思いますが、脳波を測ることで、催眠状態かどうかがある程度わかるんでしょうか？

萩原　脳波研究に関しては、志賀一雅先生（＊注）が専門的に研究されています。志賀先生によると、ヒプノセラピスト（催眠療法士）の脳がアルファ波状態になると、催眠を受けている人の脳波もシンクロしてアルファ波状態になるそうです。

アルファ波は、8〜13Hzのリラックスした状態で催眠に入りやすいといわれていて、しかもそれがお互いに共鳴しあうわけです。

ですから、被験者に催眠に入ってもらうためには、まずセラピストが催眠状態になることが大事なんですね。

■注　志賀一雅
工学博士。日本におけるアルファ脳波研究、メンタルトレーニング指導の第一人者。1983年に脳力開発研究所を設立、現在はイプラス脳力開発トレーニング協会会長をはじめ、イプラスジム学術顧問、七田チャイルドアカデミー顧問など多岐にわたり脳力開発の普及に尽力。
地球を取り巻く電離層（バンアレン帯）のコアな振動数7．8Hz（シューマン周波数）

と人間の脳波がシンクロしたとき（「シューマン共振」と呼ばれる）に、潜在能力の開花や奇跡的治癒など超人的なパワーが発揮されるのではないかとの仮説を提唱。

著書に、『脳を鍛える――なりたい自分を手に入れる驚異の実践トレーニング』（七田チャイルドアカデミー）、『奇跡の《地球共鳴波動7．8Hz》のすべて』（ヒカルランド）他がある。

Part 2

潜在意識はシンクロする

言葉による会話が成り立たなくても、相手に合わせていれば催眠状態でつながれる

保江　セラピストが催眠状態になることで、患者さんも催眠状態になるということですが、それはようするに、催眠をかけるほうとかけられるほうがつながっているんですね。個の意識を超えたトランスパーソナルな状態になるわけですか？

萩原　そうです。相手が普段のように顕在意識で理論的に考えたり分析をしているとアルファ波にはなりにくく、催眠にも入りにくいのですが、セラピストが催眠状態になっていると相手も催眠状態になりやすくなるんです。

例えば、歌手が感極まって涙ながらに歌を歌っていると、それを聴いている人もジーンときて涙ぐむことがありますが、それと同じですね。

保江　そういえば、今、思い出しました。僕が岡山にいた頃、東京医科歯科大学の精神科の教授が訪ねて来てくださって、いろんな話をした後で一緒にお酒を飲んでいたとき、

「精神疾患の患者のかたがたと毎日対面していると、我々も精神疾患になっていないとうまくいかないんです」とおっしゃっていたんですね。

やっぱり、自分と相手が同じような内面状態になっていないとつながらない、つながらないと相手を動かすことができないということでしょうね。

萩原 はい。ミルトン・エリクソンさんという「現代催眠の父」と呼ばれるかたがいて、彼は1940年から70年代にかけてアメリカ臨床催眠学会を創始するなど心理療法の普及に貢献した精神科医です。

エリクソン先生は、患者さんが例えば「ムニャムニャムニャ」、「ウェウェウェ」などとわけのわからない言葉で喋ってきても、それを真似て「ムニャムニャムニャ」、「ウェウェウェ」と喋り返すようにしたそうです。

保江 なるほど、それで通じるんですね。

萩原 はい。それで、そうしているうちにその患者さんが普通に喋れるようになったんです。

普通なら相手にしないところを、今、保江先生が例に出された精神科医の先生と同じように、エリクソン先生も相手に合わせて催眠状態でつながったんだと思います。

保江 それはすごい話ですね！ これは別の本にも書いたんですが、実は僕、大学時代にドイツ語の単位を落としました。

スイスのジュネーブに住んでいたこともあってフランス語は話せるようになったんですが、ドイツ語はずっと大の苦手なのです。

あるとき、父親を連れてオーストリア最高峰のグロースグロックナーの氷河を見に行ったことがあります。

僕が車を運転して、予約していたホテルに向かって走っていたのですが、そのホテルの場所がわからなかったので、山岳道路の入口のゲートにある料金所にいたおじさんに、フランス語で道を尋ねたのです。

すると、おじさんがドイツ語で喋ってきたので僕は意味がわからず、でも父親の手前わかったようなふりをして、「別の人に聞けばいいや」と思いつつ、また車を走らせました。

近くにあった次の村に着き、やっとフランス語がわかる人を見つけてホテルの場所を聞いたのですが、「この村にはない」といわれました。

そうして探し回っているうちに日が暮れ始め、後ろで父親も怒り始める始末……。しょうがないので、また車で山岳道路の入口まで戻ったんですが、辺りはもう真っ暗でした。わらをもつかむ気持ちで、もう一度さっきのゲートにいたおじさんにフランス語で聞いてみたわけです。

ここでわからなければもう泊まる場所もないし、親父は怒ったままです。僕にとっては最後の頼みの綱だったので、言葉が通じないのはわかっていても、とにかく必死で、「必ずこの辺りにこのホテルがあるはずなんだけど、知りませんか?」とフランス語で何度も問い続けていたら、おじさんも途中から真剣な表情になって、必死でドイツ語で説明をしてくれたんです。

するとなぜか、不意に僕にもその言葉の意味がわかったのです。おじさんと僕の目とがピタッと合ってから、村に向かう途中にある峠の手前に右に曲がる道があって、そこを曲がったところに僕たちが予約したホテルがあると説明する彼のドイツ語が理解でき、そのとおりに行ってみたら、まさしくそこに、ホテルがあったんです。

本当に大切なのは切羽詰まっているものを無我夢中にやること、それが催眠の極意

萩原　すごいですねー。

そのとき、先生が必死になっていた、まさに無我夢中だったから潜在意識でつながったんじゃないでしょうか。

同じような話があります。

私の日本人の知り合いが、「前世療法」で有名なブライアン・ワイスさんという精神科医のセミナーを受けに行ったとき、知り合いは英語がわからないのに、ワイスさんから英語で誘導を受けたときだけは、「なぜか全部わかっちゃったんです」といっていました。

それと同じですね。

保江　あぁ、やっぱり？

そういう現象があるんですよね。

僕のこの体験談は講演会でもよくするし、東京の美人秘書も、「先生のトンデモ話の中でもこの話が一番好き」というくらい、聞いた人はみんな感激してくれます。

催眠状態でつながれば、言葉が通じなくても心は通じあえる。

となれば、海外の女性を口説くときにも、日本語で「愛しています」と心を込めていえば、通じるということですね（笑）。

反対にいくら共通言語で言葉をつくしても、内面が伴わないと全然通じない。

それほど言葉というのは当てにならず、一番大事なのは相手との一体感なんでしょうね。


僕はこれまでずっと、江戸時代にアメリカに渡ったジョン万次郎や、ポルトガルから長崎の種子島にやって来てその地に住み始めた宣教師たちは、どうやって異国の言葉を覚えていったのかを疑問に思っていたんですが、さっきの「ムニャムニャムニャ」のように、相手の心に飛び込んでいけば通じあえるということですね。

たぶん、生きていく上で本当に大切なのは、切羽詰まっているものを無我夢中にやってみる、そうすることで必ず道が拓けていく……もしかしたら催眠もそれなんでしょうか？

萩原　そうだと思いますね。こちら側（セラピスト）が催眠状態になれば、相手も催眠状態になって、お互いに潜在意識の世界で共鳴しあうわけですから。

例えば、今は、人の肉声ではなくて機械的な音で誘導するものもありますが、それでは催眠に入りにくいと思います。

保江　なるほど、それはおもしろいですね。

萩原　催眠は学べば学ぶほど奥が深いのですが、実をいうと、私たちは日常生活のほとんどが催眠状態なんですね。

昔は、「あなたはこれから3、2、1と数を数えたらこうなります」などといいながら他の人が誘導したりして、催眠自体が何か特別なものとして捉えられていましたが、実際のところは、私たちが普段習慣的にやっていることはすべて催眠なんです。

例えば、毎朝ズボンを穿くのに、右足から穿くか左足から穿くかなんていちいち頭で考えていない。特に問題なくスッと穿けて、それが習慣になっている。

そのときにどの筋肉をどう使ってなどと顕在意識で考えていたら、足元がもたついてうまく穿けないですよね。そんなふうに、何も他の人から誘導されなくても、普段から自然に自己催眠状態に入っているんですね。

そうでなければ、馴れた道の車の運転や、親しい人とのコミュニケーションなどもぎくしゃくしたものになります。

保江　確かにそのとおりですね。

この前、駅の階段を降りているとき、いつもは足元を見ずにトットットッと降りているのに、そのときは前を歩いている人が大きな声を出したので、その瞬間、僕も危険を察知してつい自分の足元を見てしまったんですが、そのことで足がもつれちゃいました。

つまり、無意識のほうがうまく降りられるということですね。

頭であれこれ考えてしまうと、身体もこわばってうまく状況に対応できなくなる。その意味で、今、先生がおっしゃったように、「催眠は日常」なんですね。

それはすばらしいです！

自分にとって必要のないパターンに気づいて手放せば、悪しき習慣も変えられる

萩原　私たちの思考もパターン化していて、そこから離れるには達観力を持つ必要があります。それは、自分の中の思い込みや信念といった思考の枠組みから脱することですが、それは意識しないとできません。

なぜなら、思い込みも自己催眠だからです。

例えば、夫婦がいつも同じようなことでケンカをしたり、こちらがこういえば相手はこう反応するといったことがよくありますが、これも悪い意味での思い込みで、お互いに催眠状態でつながっているからです。

なので、自分が催眠状態に入って、普段は意識していない自分の考え方の悪いクセや

お互いのパターンに気づくことができれば、それを解除することもできるわけです。

そのように、催眠状態に入って不要な思い込みをなくすことができるのも催眠療法の特徴です。

例えば、禁煙や禁酒目的に行う場合も、暗示の言葉を使って催眠に誘導していくわけですが、そこで自分にとってもう必要のないパターンに気づいて手放したり、別のものに置き換えられれば、それまでの悪しき習慣も変えることができるんです。

保江　なるほど。催眠療法というのは、愛煙家にタバコをやめさせることもできるわけですね。

萩原　禁煙だけでなく、ダイエットにも効果的ですし、アメリカでは原因不明の痛みや不妊などで悩んでいる女性にもよく適用されています。

保江　不妊にもですか？　妊娠というのは、いわゆる生理現象ですが……。

萩原　そうですね。もちろん、その場合は食事療法なども併用しますが、不妊は心理的な影響も大きくて、緊張やストレスなどで自律神経優位状態が続いていると妊娠しにくいので、それを催眠によって解放していくわけです。

私は不妊についてはやっていませんが、アメリカのヒプノセラピストなどはけっこう望ましい結果に導いているようで、中には逆子が治ったケースもあります。

保江　逆子も治るんですか？　その場合は、赤ちゃんに催眠をかけるわけではないですよね？

萩原　いえ、お母さんが催眠状態になって赤ちゃんに語りかけていきます。催眠療法では、受胎したときから赤ちゃんには意思があると考えるので。

保江　じゃあ、お腹の中の赤ちゃんに催眠をかけるということですね。

萩原 そうです。それでお母さんとお話をしてもらうんです。深い催眠に入ると、お母さんが赤ちゃんに戻ることもできるので、そのときに何があったのかもご本人が理解されます。

例えば、「私は男に生まれたかった」と思っている女性がいたとします。そのかたを催眠状態で見ていくと、生まれる前に周りの親族から、「この子は男の子だったらいい」と強く思われていたということがあり、それが女性で生まれてきたことを悔やんでいる理由だったのがわかったりします。

昔は胎児の性別がわからなかったので、周りからの強い期待がお母さんになる女性の潜在意識の中に入っていたんですね。

でも、催眠に入れば、お母さんと胎児はコミュニケーションをはかれるので、お腹の中の赤ちゃんにお母さんのいろんな気持ちを伝えられるし、そうすると、生まれてきてからの絆がより強くなるようです。

催眠状態になると、集合的無意識を介していろんな魂や存在たちともつながれる

保江　へぇー、そうなんですね。胎児は当然、言語はわからないから、「ムニャムニャムニャ」でも何でもよくて、催眠でちゃんとお母さんとつながれるんですね。

萩原　はい。年齢を遡っていく「退行催眠」では、外国人だった頃の過去世が出てくることもよくあります。

例えば、イギリスでの前世があったとして、クライアントさん自身は英語が喋れないから前世の自分と対話ができないかというとそんなことはなく、日本語で語りかけてもちゃんと通じているんです。

保江　言語でつながっているわけじゃないんですね。

萩原　はい。先生もご存知でしょうが、個人の無意識である潜在意識の下にはユングさんが名付けた集合的無意識があり、そこでは人類だけでなく、イヌやネコなどの動物や

木や花などの植物たち、さらに鉱物の意識もすべて記憶されていて、その源において全部がつながっていると考えられています。

だから、催眠状態になると、いろんな魂やどんな存在ともつながれる。

それは、肉体が死んでからも魂という存在は残っていて、いったん中間世という場所に戻り、新たな肉体に宿ってまたこの世に修行にやってくる、そしてまた肉体が終われば魂はあの世に戻っていくと考えられるからです。

ようするに、魂から見たら生まれもしなければ死にもしないわけで、自分より高次な存在である守護霊、マスター、スピリチュアルガイド、天使、神やサムシンググレートなどと呼ばれるような存在ともつながれるんです。

なので、あるかたは、催眠中にマイケル・ジャクソンと会ったとか、クィーンのフレディ・マーキュリーに会ったなどという話が出てきたりすることもあります（笑）。

保江　へぇー。そもそも先生は外科のご専門ですが、その頃に何か神様とか霊的な存在を感じるような体験をされていたんですか？

萩原　いえ、その頃は普通の外科医でしたから、精神世界のことは勉強したこともなかったですし、特別な体験をしたこともなかったです。

ただ、当時は外科手術をやっても、がん患者さんの半分は、結局亡くなってしまったり、今のように診療科をまたいだチーム医療の体制もなかったので、ターミナルケアが必要な患者さんをまた私が診ることになったわけです。

そうなると、こちらはもう痛みを減らす投薬ぐらいしかやれることがない。

それが辛くなってくるし、また自分と同じ50代のがん患者さんが急激に増えてくる中で、もし自分が患者さんと同じように手の施しようがない状態になったら耐えられないだろうなと思うようになりました。

それで、ちょうど日野原重明先生がホスピスを立ち上げた頃から、患者さんの心の面にも目を向け始めて、少しずつ心理療法や代替療法を学びながら、自分のクリニックに導入するようになったんです。

臨床で催眠療法を始めてから十数年経ちますが、さっきもお話ししたように、催眠は特別なものではなくてごく日常的な体験です。

いろんな症状の快復だけでなく、スピリチュアルな世界ともつながれるので、催眠そのものが魂との対話ともいえるかもしれません。

担当医は「患者さんは神様」と思って診療に当たっている稀有な女医さんだった

保江　そうなんですか。僕の場合は、大腸がんの手術をしてからいろんな不思議な体験をするようになったんですが、手術をしてくださったのは岡山にある総合病院の救急外科の女性医師でした。

その女医先生から聞いた話ですが、彼女は出身大学医学部の外科教授から、「救急というところは一般的な他の科とは違って、ちょっとでも目を離したら命が亡くなってしまう患者さんが多い。

目の前にいる患者さんが、自分と同じ人間だと思っていたら、誰しもつい目を離してしまう。そうすると、その間に命を亡くしてしまうこともある。

だから、救急では、患者さんのことを神様だと思いなさい。

神様だと思っていれば、一瞬たりとも目を離すことはないから」と教えられたそうで、彼女は、

「私は今でもそのように徹しています」と教えてくれました。

その女医さんに手術をしてもらったときに、天使が現れたとしか思えないような不思議な現象が起きて、僕はそれ以来、物理学者のくせにスピリチュアルな体験や現象の謎解きをするようになって、今に至っているのです。

萩原　先生は、そういう運命なんでしょうね（笑）。

最初は、腸閉塞だったんですよね？

保江　はい、腸閉塞で緊急手術になって、開腹してみたら末期の大腸がんでしかもあちこちに転移していたので、長時間の手術が終わってから、手術が数日遅れていたらもう手遅れだったと教えられました。

手術中、僕は2分30秒間死んでいて、その間に地獄絵図のような世界を垣間見ていたのを覚えていたり、術後、標準的な治療を断ってルルドの泉に行ったりしながら、やっ

ぱり僕は神様に守られているんだなと思えるようになったんですが、そんな僕でも、催眠というのは本当に不思議だと思いますね。

話は変わりますが、僕の知人でパニック障害と診断された男性がいるんですね。素人的な考えで、パニック障害も催眠療法がいいような気がするんですが、いかがでしょうか？

萩原　適応はあると思います。パニック障害の治療法の一つに認知行動療法がありますが、それは行動変容を通じて自分の中の認知の歪みを改善していく療法です。

それと同じように、催眠療法でも、その人自身が自分の潜在意識の中にある認知の歪みに気づいてそのパターンを変えられるので、記憶はあったとしても否定的な感情からは放されることはできます。

辛いのは感情ですから、その辛い感情、トラウマがなくなればもっと楽に生きられるんですね。

保江　なるほど、潜在意識の中の記憶から感情を解放していくわけですね。

この世は仮想現実＝催眠であったという真実に気づけばそこから脱出できる

保江　僕は、スイスにいた頃に一度、バーゼル近郊にあるシュタイナーが設計したゲーテアヌム（アントロポゾフィー協会本部）を訪ねたこともあって、一時期シュタイナーに、はまったことがありました。

シュタイナーは、物質からなる肉体のすぐ傍に、生命エネルギーからなるエーテル体があり、その外側に感情からなるアストラル体、さらにその外に因果からなるコーザル体があると捉えていたようです。

今の先生のお話では、記憶と感情を切り離せればいいわけなので、シュタイナーの枠組みを使うとしたら、肉体とエーテル体に残っている記憶の中からアストラル体の感情を取り除く、リセットすればいいということになりますね。

もちろん、これは科学的な根拠はないにしても、僕は、直感的にこのシュタイナーの考え方はけっこう当たっているような気がしています。

萩原 科学的に証明ができないものは、結局、直感で判断するしかないですよね。

保江 そう、まさに、「直の感(観)」ですよね。だから、僕は直感で動くのが一番いいと思っています。

先ほど、先生が「日常生活はほとんど催眠状態である」とおっしゃられましたが、それはすごく新しい視点だと思います。

これまで僕たちは、「日常生活は、顕在意識と呼ばれる自我意識をフル動員した結果である」となぜか信じ込まされてきた感が強いですが、実は、ほとんどの日常的な動作や湧き起こる感情は催眠状態で、潜在意識の世界とつながっている。

だとしたら、それに気づいた人たちは、映画『マトリックス』の物語と同じで、私たちの世界は実はネットワークがつくり出した虚構の仮想現実であったという真実に気づいて、そこから脱出できるでしょうね。

萩原　それが、「悟り」とか「覚醒」ということなんじゃないかと思います。

保江　なるほど！　ひょっとして、お釈迦様も菩提樹の下で悟られたのは、そのことだったのかもしれませんね。

萩原　吉川英治さんは、小説『宮本武蔵』の中で、「波騒《なみざい》は世の常である。波にまかせて泳ぎ上手に雑魚《ざこ》は歌い雑魚は踊る。けれど、誰が知ろう、百尺下の水の心を。水の深さを」と述べています。

これは、世間という常にゆれ動く波に身を任せながら必死で泳いでいこうとしている私たちのことを雑魚に例えている言葉ですが、その波の百尺下の海底には深い静けさがあって、実はそれこそが私たちの本質だということをいい表しているんじゃないかと思います。

とはいえ、実際のところ、私たちはその波にただただもまれてしまっているわけですが（笑）。

保江　そうか、生まれたときにはみんな百尺下の水の心、水の深さを知っていて、静かな海底にいるわけですね。

萩原　はい。でも、だんだんとそこにゴミや余計なものが加わって海面のほうに浮き上がってきて、それが「自分」だと思い込んでいる。

つまり、他人からいわれたことや世間の評価によって偽りの自分をつくってしまっているんじゃないでしょうか。

保江　確かに、それがなければ、みんな神様のままなのかもしれない。

萩原　結局、それも小さい頃から他者からの暗示を受けているからなんですね。

保江　そうか！　子供は小さい頃から大人たちから暗示をかけられっぱなしなんですね。

知らず知らずのうちに大人が子供たちにネガティブな暗示をかけてしまっている

萩原　よく8歳から9歳で見えない心の膜が形成されるといわれていますが、それまではみんな潜在意識とつながっていて、判断したり批判することもないので、特に4歳から6歳くらいまではみんな催眠状態のようなものです。

だから、小さい子供は素直にいわれたとおりにするし、いろんな役を演じられるわけです。

ところが、それに対して親や教育者は子供にダメ出しをしたり、他人と比べて評価をするので、子供はちょっとしたことでも「自分はダメな人間だ」、「愛されるべき人間ではない」などと自己否定感が強くなったり、傷ついたインナーチャイルドが潜在意識の中に留まってしまうわけです。

今、生きづらさを感じている若者が増えているのも、知らず知らずのうちに親や大人たちが否定的な暗示をかけてしまっているからではないかと思います。

保江　なるほど、今、先生がおっしゃっていることは、まさに子育ての本質ですね。子供を育てているんじゃなくて、「子潰し」になっているんですね。

つまり、子供は生まれてからずっと催眠をかけられていて、しかも大人になってからも日常のほとんどが催眠状態だということなんですね。


萩原 多くのかたは、他人から見た「自分」を演じているというか、それが自分だと思い込んでいるわけで、だから他人から認められれば嬉しいんですね。

反対に、けなされたりダメ出しをされるとすぐに落ち込むわけです。

でも、本質の自分はそれとはまったく関係のないところにいるんです。

それを知っていないと、何か思いどおりにいかないことがあれば、誰々が悪いからとか社会に問題があるせいでこうなったんだと、原因を自分以外のものに求めてしまう。

保江 ということは、他人の評価がそのまま自分だと信じている人ほど、人の言葉や態度によって簡単に暗示にかかりやすい。
つまり、小さい頃からの他人からの働きかけ、作用によって催眠状態に入ってしまうので、よほど気をつけないと大人になるにしたがって本質の自分とは乖離《かいり》しやすくなるということですね。

萩原　はい。ですから、催眠の視点で見れば、「あなたの考えの99％はあなたのものではなく、他人から受け取ったものですよ」ということになるわけです。

いい換えれば、私たちが常識だと思っていることも含めて、ほとんどすべての価値観や考え方が他人から押しつけられたものだということです。

保江　その点については、ファインマン先生と同時にノーベル物理学賞を受賞された朝永振一郎先生も同じようなことをおっしゃっています。

朝永先生は、「くりこみ理論」（＊コラム）を編み出されたのですが、それは簡単にいうとこのような理論です。

・電子は質量（重さ）とマイナスの電荷を持っているとされるが、もし宇宙の中にたった1個の電子しか存在しないとすると、その電子は質量と電荷を持っているかどうかさえわからなくなってしまう。

・なぜなら、1個の電子が質量と電荷を持っているというのは、それ以外の宇宙に存在するすべてのものからの作用（働きかけ）があり、それらが1個の電子に集積しているからであって、これを「くりこみ」と呼ぶ。

・つまり、電子の質量や電荷という概念は、自分以外のすべての存在からの影響がくりこまれたものである。

■コラム　くりこみ理論とは？

当時の量子力学では、理論的に電子の質量を計算すると、なぜか無限大という結果が導き出されてしまい、実測値とは異なることから、これが大きな矛盾になっていた。

そのため、量子力学を研究していた物理学者たちはこの問題の解決のために取り組んでいたのだが、そこでファインマン博士や朝永博士らは、「無限の一部は電子の質量にくりこめ、残りの部分は電荷にくりこめる。こうすれば計算値は有限になる」というくりこみ理論を発見。

この発見によって量子力学（場の量子論）の矛盾は解消されて、相対性理論と量子論が結びついた。

くりこみ理論では、あらゆる無限大は電子の質量や相互作用定数および波動関数におしこめる（くりこめる）ことから、物質のあらゆる相互作用を記述する理論の共通の性質（作用）として考えられている。

Part 3

物理学の「くりこみ理論」と催眠の共通点とは？

自我とは過去から現在に至る「周囲からのすべての働きかけ」がくりこまれたもの

保江　朝永先生は、くりこみ理論に例えて、「人間の自我というものは、過去から現在に至るまでの、周囲からのすべての働きかけがくりこまれたものである」といわれたそうですが、今、先生がおっしゃられた話はそれとまったく同じですね。

萩原　スピリチュアルな解釈では、そこに前世という概念も入ってきますよね。

つまり、私たち一人ひとりが、今世の影響だけではなく、過去世からずっと引き継がれてきたものの集大成ということになるわけです。

保江　まさにすべてがくりこまれたものが、今の「私」という存在。つまり、くりこみ理論を人間に当てはめると、自分の中には自分以外のすべての人たちからの働きかけがくりこまれていることになるので、それを催眠といい換えることもできる。

ということは、あらゆる催眠、暗示がくりこまれた結果が今の自分を形作っていて、それが今の僕であり、先生でもあるわけですね。

そうなると、催眠というのは決して特別なことではなくて、極めてあたりまえの現象であって、いわば、私たちの自我意識は催眠の結晶のようなものですね。

だから、電子に特定の磁場をかけるとそれに対応した動きが生じるように、AさんならAさんに対して催眠を施すことによってそれに応じた動きが起きてくる。

例えば、それが前世と呼ばれる過去の記憶を書き換えたり、思い込みのクセを解除できたりするわけですよね。

ようするに、くりこみ理論と催眠は、共通の理論構造だったわけだ！

萩原　さすが、すばらしいですね！

保江　いやいや、屁理屈をこねるのが好きなだけですが（笑）。

でもこれで、「あぁ、こういうからくりで催眠が成立しているんだ」と自分で納得できるし、このからくりがわかると次に進めるのです。

というのも、心理学では誰も人が見ていないときにする行動と他の人が見ているときにする行動が違うことが知られていて、実は素粒子もそれと同じようなふるまいをするんですが、それは同じ理由によると考えられるからです。

素粒子は、周囲に他の素粒子がある場合と、まったく何もない場合とでは性質も動きも違ってきます。これを「観察者効果」と呼びますが、例えば、電子を観察しようとすると、光子がそれと相互作用を起こして電子の軌道が変化するために、電子の位置と運動量がわからなくなるんですね。

それぞれの素粒子が、周囲からすべて均一な作用だけを受けていたとすれば、素粒子ごとの差はありません。人間もそれと同じで、ずっと同じ作用だけを受け続けていたなら個人差はない。

でも、実際には生まれ育った環境などによって個人差が出てくるわけで、それが催眠の結晶、集大成ということなのかもしれません。

現に、同じ親から生まれた一卵性双生児であっても、生育環境が違っていれば別々の個性を持つように、周囲の作用のくりこみ、つまり催眠の集大成が個人の性質や思考・行動パターンを規定するからです。

この、「子供は前世を含めて周囲からの作用の集大成、催眠の結晶である」という考え方には、本当に目が覚めました！　ありがとうございます。

僕が他の人とはちょっと毛色が違っているのは、僕のことを見ていてくれていた人たちがちょっと違った見方をしてくれていたんだということがよくわかりました。

萩原　いえいえ、こちらこそ、すばらしい発見をしていただいてありがたいです。

答えはすべて自分自身の中にある。だから自分を変えられる！

保江　ファインマン先生のいうように、量子に過去から現在に向かうものと未来から現在に向かうものがあるのなら、ひょっとすると今話題になっている「波動測定器」なる機械を使って前世のこともわかるのかもしれませんが、それはともかくとして、これまでの対談でわかったくりこみと催眠の共通の理論構造だけでも、目が覚めた思いです。

その人がどんな催眠の集大成を持っているか、そのからくりがある程度わかるわけですから、ぜひ先生にはそのようなアプローチをお願いしたいものです。

例えば、「あなたは生まれてからかくかくしかじかの影響を受けていて、それが今のあなたの中で結実していますから、そのせいで何かトラウマやトラブルを抱えているなら、その部分は催眠療法によって修正することができますよ」と説明して、催眠療法を施すとか……。

あるいは、催眠療法を施さなくても、「このように行動されたら今のあなたにとって不要な暗示を解除できますよ」などと指針を差し示してあげられるのではないでしょうか。

萩原　ところが、私たちのようなヒプノセラピスト（催眠療法士）にはそれができないんです。なぜなら、「答えはすべてその人自身が持っている」というのが大前提だからです。リーディングやチャネリングの世界は、そのかたの背後にアプローチしながら、「あなたは前世でこんな体験をしたために、こうなったんですね。それを克服するために○○されてはどうですか？」などと相手に答えや指針を伝えますが、催眠療法では、あくまでご本人がご自分で答えに気づくのをサポートしてあげるだけなんです。

その人が何に気づいて、何をすればいいかを感じ取っていくかはクライアントさん自身が決めることです。

そこが、チャネラーや透視能力者とは違うところで、こちらが何らかの思い込みを持ってやってしまうと、クライアントさんがこちらの思い込みに合わせてきたりするので、ヒプノセラピストはいつも真っ白な状態でいる必要があるんですね。

保江 あぁ、なるほど。

萩原 ですから、クライアントさんが催眠に入ってどういう筋道で進んでいくかがわからなくても、ひたすらその人に寄り添い続けることが大事で、そうすると最後には「わかりました。これで気持ちがスッキリしました」などとよくいわれるんですが、こちらとしては何がスッキリしたのかわからないこともあったりするんです（笑）。

保江 それはよくわかります。よく「私には見える」といって、「あなたはこうこうですね」

などと相手を意図的に誘導する人もいますが、本当に見えているのかどうかは疑わしい。

萩原　確かに見えている人もいるでしょうし、感じるかたもいらっしゃるとは思いますが、催眠状態になると、まるで自分が映画の主人公になったようにはっきりとビジョンが見えてくるものだと勘違いしているかたが多いのも事実です。

実のところ、催眠に入ってもはっきり映像が見える人は1割か2割です。残りの人たちははっきりとは見えずに、ぼんやりした感じやなんとなくセピア色のイメージがしたという程度ですね。

保江　なるほど、それでいいんですね。

萩原　はい、ぼんやりしていてもいいんです。

例えば、「あぁ、赤い花があるんですね。葉っぱはどんな感じですか?」などと尋ねると、「チューリップみたいです」といった具合に、最初はなんとなくといった感じのイメージで、それを言葉に置き変えていくことでそのイメージがより具体的になっていきやすいんですね。

催眠中にはっきりした映像が見える人はごくわずかしかいない

萩原 そこで大事なのは、クライアントさんの反応に対して、セラピストが論理的に考えたりジャッジをしないことです。ただ寄り添いながら傾聴していくことによって、クライアントさんはご自分で内側にある答えを見つけ出していかれます。

もちろん、催眠中も自分がいいたくないことはいわなくていいし、潜在意識は論理的ではないので、つじつまが合わなくてもそのときに直感的に感じたことを自分なりの言葉にしていけばよくて、セラピストはそれを、「あぁ、そうなんですね」、「大丈夫ですよ」などと相槌を打ちながら常に肯定的に聴いてあげればいいんです。

しかも、催眠中にはっきりした映像が見える人はごくわずかで、たまたま知人から「私はこんな風景が見えた」などと聞くと、「私も見えるかな」とつい期待してしまいますが、それはまったく気にされなくてもいいんです。

保江　それを聞いて安心しました。というのは、シュタイナーは、自称霊能力者と名乗る人たちが自分のところにやってきて、「私には霊が見える」というので、その人に向かって「精神病院に行ってください」といったそうですから（笑）。
シュタイナーは、そうした人間のエゴの誘惑や見えない世界の危険性を踏まえていたからこそ、あれだけの思想体系を構築できたんでしょうね。

萩原　そうかもしれませんね。

例えば、テレビなどでもよく活躍されている三輪明宏さんやスピリチュアルカウンセラーの江原啓之さんなどは、確かにそのような能力をお持ちだと思いますが、それは個人的な潜在意識の下にある集合的無意識の領域までつながっているパイプが太いからじゃないでしょうか。

もちろん、誰もが潜在意識とつながっているのですが、そのパイプが太ければ太いほど個人を超えた集合的無意識から情報を得やすい。ただ、その情報が必ずしもすべて正しいというわけではないとは思いますが。

いずれにしても、催眠というのは潜在意識の情報にアクセスするわけですが、基本的には自分が自分の潜在意識の中に入っていくので、自己催眠ともいえます。

中には、チャネラーや透視能力者のように、相手の潜在意識の中に入っていける能力を持つ人たちもいますが、催眠療法の場合は、あくまでクライアントさんに寄り添いながら、ご本人が自分の潜在意識にアクセスするのをお手伝いするということです。

催眠は睡眠とは違うので、催眠中でも外の音は聞こえていますし、「これでいいのかな？」、「こんな感情があったんだ」などと意識が深くなったり、浅くなったりしながら波打っている状態なので、ご本人が、「私、催眠状態に入っていました」と気づいた時点で、もう催眠状態からは覚めています。

催眠状態に入っているときは、それに気づいていませんからね。

これは、映画を観ていて、「今、私は感動して泣いている」と自覚した瞬間、その時点で催眠状態からは脱している、つまり、顕在意識にスイッチが入っているということと同じです。

保江　ということは、映画に観いっている間は催眠状態なんですね。

萩原　はい、たいてい映画を観ているときは催眠状態ですね。そこで、映画館で隣の人がポップコーンを食べている音が気になったりしたときには、潜在意識から顕在意識に切り替わってしまいますが、また静かになって映画に集中し始めたら催眠に戻っていくという感じです。

映画を観ている観客は誰もが催眠状態でそれぞれに異なる理解をしている

保江　それをお聞きして納得できました。僕はよく、ハリウッド映画やフランス映画を観るのですが、涙が出るほど感動した映画があって、あまりによかったのでもう一度観てみようと思って映画館で観たら、「あれ、こんなストーリーだったっけ？」と思うことがあります。

それと、他の人と一緒に映画を観た後、その人と僕の記憶の中のストーリーが違っていたりすることがあったりして、ずっと不思議に思っていました。
後でもう一度同じ映画を観てみたら、確かに一緒にいた人の記憶のほうが正しかったのですが、今の先生のお話で、僕はその映画を催眠状態で観ていたから感覚的に受けとめていて、実際の映画のストーリーや展開とは違う理解の仕方をしていたということですね。
映画は理性的に分析しながら観るわけではないので、観ているときが催眠であったとすれば、もしかしたら人によって印象が違うだけでなく、ストーリーやディテールまでもが違ってインプットされ、それが個々別々の形で記憶されるのかもしれませんね。だとしたら、観客は催眠状態の中でみんなそれぞれに異なる理解をしていることになりますが、それなら、これまで僕がずっと疑問に思っていたことの謎が解けます。

萩原 そうですね。実際、同じ映画を何度も観たり、同じ本をくり返し読んだとしても、観るとき、読むときの自分の状態や年齢などによってもずいぶん解釈が違ってきますよね。

保江 はい。そういえば、つい先日、神田明神の文化交流館に飾ってあるピカソのお弟子さんである松井守男画伯の絵を見たいというかたがいて、松井画伯と一緒に神田明神をご案内したんですが、確かにそこでも、絵の見方がそれまでとは違いました。

その絵は、鎮守の杜をイメージした『光の森』と題した抽象画で、同行した画伯の秘書さんが、

「保江さん、この部分、女性の足に見えませんか？」というので、そういう意識で見直すと、確かにスラッとした足に見えました。そのかたの解説では、松井画伯は女性の身体の部分を、絵の中にみごとに配置しているとのこと。

そういわれた後に他の作品も見てみたら、「えっ、この絵にも全部、女性の身体が描かれている！」と、僕にもはっきりわかったのです。

それまでに何度もその絵を見ていて、単なる風景画にしか見えなかったのに、「女性の身体が描かれている」と知ってから見たら、はっきりとそれが見えるようになった。

ということは、何かのトリガーさえあれば、簡単に催眠状態に入ってまったく別物に見えるということですね。

これは、昔、コカ・コーラのコマーシャルか何かで、砂漠にいる人が爽快な感じでコカ・

コーラを飲んでいるカットを１枚だけ入れておいたことで、そのＣＭを見た人がそのカットを健在意識で認めなくても、なぜかコカ・コーラが飲みたくなるというのと同じかもしれませんが……。

萩原 確かに、テレビコマーシャルなども何度も同じシーンをくり返し流しているので、ボーッと見ているとそれだけ催眠に入りやすいですよね。

保江 なるほど、商業的にはすでに、催眠が使われているわけですね。

萩原 インターネットの世界も同じで、たまたまお墓のサイトを見たら、その後、頼みもしないのに墓地の広告ばかり見せられるようになっちゃって……（笑）。

保江 まさに、セールス目的の催眠ですね。そうすると、私たちのこの社会全体が催眠だらけだということになりますね。

自己催眠によって原因不明の難病を克服した女性

萩原　今の新型コロナウイルスにしても、いわば集合的無意識の世界ですよね。中には「いや、そうじゃないよ」というかたもおられますが、多くの人はマスコミの情報をただ鵜呑みにしているんじゃないでしょうか。

保江　コロナ催眠だ！　その催眠を解くには、映画『シン・ゴジラ』のように相模湾にゴジラでも上陸しないと無理かもしれませんね（笑）。

萩原　個人的な問題に関しては、自己催眠によって不要な記憶を解くこともできます。中には、難病から脱した患者さんもいらっしゃいましたよ。

例えば、線維筋痛症という、現代医学では原因も治療法もない難病を自己催眠で克服された女性もいます。

そのかたは、身体的にはとても苦しみながらも、何度も催眠治療を体験する中で、ものの見方や考え方をプラスの方向に置き換えていって、その結果、症状もよくなっていかれたそうです。

保江　今の子供に多いといわれている神経過敏とか、落ち着きがないという状態の場合、田舎に行って自然と触れ合ったり、農作業などで土に触れる生活をするといいなどと俗にいわれていますが、どうなんでしょうか？

萩原　たぶん、都会で暮らしていると刺激がとても多いということがありますよね。競争も激しいので、子供たちも塾や習い事が多くなって、それだけストレスが溜まりやすいのは確かだと思います。

それに比べれば、自然に囲まれている分、田舎の人たちはもっとゆったりしていて、比較的に気楽に生きているように思えます。

そうした環境で暮らしてみれば、神経系統に問題がある子供たちも、確かにリラックスできるでしょうね。

保江　ということは、やっぱり、周囲からの影響、働きかけが大きいということになりますよね。都会は人が多くていろんな刺激を受けるけれど、田舎は自然からの影響が多くて人口が少ない分、大人からのくりこみも少ない。

いわば、くりこみフリーな環境ですね。

萩原　競争社会にいると、親は子供にどうしたいのかを問わずに、どうしても自身の価値判断を一方的に押しつけがちになりますよね。良い塾に行って、良い大学を出て、良い会社に入って……と。

親や周りの大人たちはそんな人生が良い人生だと思っているから、その思い込みを次から次へと子供にくりこんでしまっている。

これは、悪い方向での暗示ですよね。

保江　親の偏《かたよ》った思い込みが子供たちにくりこまれているわけですね。まさに、子供のくりこみ理論だ。

萩原　ですから、親はまず子供に「どうしたいのか」を聞いてあげてほしいですね。

ところで、先生は小さい頃はどんな環境で育ったんですか？

保江 僕の場合は、生まれたときから母親がいなかったので、おばあちゃんが育ててくれたわけです。

父親は役人で夜遅くまで働いていて、僕が起きている間はほとんど家にいませんでした。ですから、ほとんどおばあちゃんが僕の相手をしてくれていたんですが、僕が本家の一人息子だったこともあって、ベタベタに可愛がられながら育ちました。

近所の男の子たちとも一緒に遊ばせてもらえないくらいに大事にされ、自分でいうのも変ですが、箱入り息子だったようです（笑）。

唯一、一緒に遊べたのが2軒隣に住んでいた女の子たちだったのですが、オテンバな性質ではなかったので泥んこ遊びなどはしたことがなくて、いつもママゴトや縄跳びなんかして遊んでいました。

勉強はせずに大学に入学でき、学部の先生と美しい数式に感動して俄然やる気に

萩原　でも、愛情たっぷりに育ったんですね。

保江　はい、そうです。それは確かですね。

萩原　勉強の仕方も普通の人とは違ったりしたんですか?

保江　いえ、僕は勉強をまったくしませんでした(笑)。

なぜか、小さい頃から映像記憶力だけは非常に強かったので、勉強をする必要がなかったというか……。何でも一度見たら、全部正確に記憶できたのです。

でも、おばあちゃんに行けといわれたので、幼稚園も小学校も行っていましたが、友達もいないので、教室ではいつも孤立していました。

授業中も教室の窓からぼんやり外を眺めたり、適当に教科書をパラパラめくっていたんですが、それでも先生が黒板に書いた内容や教科書の内容もちゃんと覚えていたので、

いつもテストの点数が良くて、「さすが保江家の本家の跡取りだけある」なんて持ち上げられていました。

それが小学4年生まで続いて、でも5年生になったら担任の男の先生が僕の大嫌いなタイプだったので、教室では先生のほうをまったく見ずに、外ばかり見るようになったのです。

そのせいでおばあちゃんは何度も学校に呼び出されて、おまけに授業中の映像記憶も残っていないのでテストの点数も悪くなりました。

おばあちゃんはそんな僕を嘆くようになったんですが、今思えば、それ以降の学校教育の内容が入っていないので、僕にとってはそれがよかったんじゃないかと思います。

萩原　なるほど。

保江　しかも、その当時は大学紛争が起きていて、どの大学も異例づくしの入試だったことから、勉強していなくても運よく大学に入れたわけです。

しかも、入学してからも学生ストライキで授業はほとんどないので、合気道部で仲間たちと楽しんでいました。

結局、大学1、2年生の授業は受けることなく、合気道に明け暮れていましたね。

でも、大学側はそれでも学生を3年生に進級させないと大学として成立しないので、試験の答案用紙に自分の名前と学籍番号だけ書けば単位をくれるということになり、それで進級できて、希望していた天文学科に進学することができました。

でも、基礎ができていないので、「これじゃあ授業についていけないかな」と思っていたら、実際、それがついていけたのです。

萩原　どうされたんですか？

保江　実は大学に入って、まだ学生ストライキが始まる前に初めて威厳のある数学教授の授業を受け、とても美しい数式を見せてもらったんですね。

それで、「うわぁ、すごいなぁ。世の中にはこんなすごい人がいたんだ！」と心から感動しました。

それで、3年生に進んでからも、理論天文学の助教授が黒板に書いたわけのわからない数式を見て、「よし、調べよう」と思い立ち、当時はもちろんインターネットはなかったので、すぐに図書館に行って徹底的に調べ倒しました。

英語で書かれた本ばかりだったのですが、なぜかすらすらと理解できて、助教授に「君はとても優秀だね」と褒められたことで俄然やる気が出て調子に乗り、そうこうしているうちに、先生が出題した数式にあったミスまで見つけられるほどになりました。

「先生、この数式はこうじゃないですか？」と指摘したところ、

「あぁ、そうだった！　君、ぜひ大学院に来ないか」と、僕がすこぶる頭のいい学生だと勘違いされてしまったくらいです（笑）。

萩原　そこで先生が図書館で調べものをしたり、難しい数式まで覚えていったのはどうしてでしょう？　普通はそこまでやらないと思いますが……。

憧れの教授の姿、それが僕の催眠効果を高めたのかもしれない

保江　僕にとっては、学部の先生たちがカッコよかったからです。たぶん、僕が高校や大学の1、2年生で数学や物理の授業を普通に受けていたら、大学3年生になってからの授業で数式などを見ても、感動はしなかっただろうと思います。それまでにその数式を知っていたら、美しいとも思わなかった。

僕はそのとき初めて見た数式に「なんて美しいんだ」と感動し、しかも、決して高価ではなさそうな背広を羽織った老齢の先生が、チョークを片手に威厳を持って解説してくれるその姿を見て、「なんてカッコいいいんだ！」と思ったわけです。

その数学教授は、時折、窓際に行って遠くの景色をじーっと眺めながらタバコを一服するのが習慣でしたが、そのものいわぬ表情をいつも傍らで見ていた僕は、「いつか僕もあんなふうになりたい」と密かに憧れていたのです。

萩原　それはまさに、催眠状態ですね。

保江　あぁ、本当だ！　その先生がすごかったんですね！

僕にとっては、それまで封じ込めていた学問に対する探究心に火が灯され、それがおもむろに教室の窓を開けてタバコにライターを近づける何気ない仕草と相まって、その先生の佇《たたず》まいが僕の憧れの対象となったわけですから……。

見方を変えれば、それが催眠をかける技になっていたのかもしれませんね（笑）。なにしろ、その先生の姿はいまだに僕の瞼《まぶた》にしっかりと焼き付いています。

先生に倣って、僕もその頃からタバコまで吸い始めましたので（笑）。今はもう吸っていませんけれども。

学ぶは真似ぶからきているともいいますが、学ぶことも催眠なんですね。

そういえば、その先生は他の先生とは違って、鞄ではなく風呂敷包みを持って教室に入ってきて、それをポンと教壇に置いてから授業を始めていました。

それで、僕も真似して教科書や専門書を風呂敷に入れて持ち運んでいたのです。まぁ、同級生からは奇異な目で見られていましたが（笑）。

今思うと、僕がちょうどいいタイミングで催眠状態のまま学問に目覚められるように、神様が特別な環境を与えてくださっていたように思います。
もしかしたら、僕には生まれつき母親がいなかったから、そうして学べるようにならざるを得なかったのかもしれませんが……。

萩原　先生は、小さい頃から自然に自立心が芽生えていったんですね。

保江　はい。学校で嫌なことがあっても母親に甘えることもできず、いじめられても泣きながら家に帰るとおばあちゃんが悲しむので、いったん公園の水で涙を流しきってから平気な顔をして家に帰り、心を落ち着かせるためによく布団に入ってぐっすり眠っていました。
そんなことが続いていたので、「眠ると嫌な思いが消える」ということに気づいて、それ以来、大人になってからも長時間眠るようなクセがついたんです。

萩原　子供ながらに、睡眠の大切さに気づいたわけですね。

保江　はい。

萩原　睡眠に入ると、顕在意識がゼロになり、潜在意識だけになります。深い眠りについているときに見る夢は、自分の意識で筋を変えられないことからもわかるように、睡眠中は究極の催眠状態なんですね。

保江　あぁ、なるほど。僕はわりとよく夢を見るんですよ。しかも、なぜか現実にあったこととものすごくリンクした内容の夢か、現実の延長のような夢しか見ないのです。

トップクラスの科学者たちは夢で偉大な発見をしたり、神様から真理を教えられていた

萩原　夢で気づきを得ることもありますよね。

保江　そうそう。夢でいろんなことを教えてもらった科学者も多くて、実は、湯川秀樹先生もそうですし、数学者の岡潔先生もそうです。

ノーベル賞級のトップクラスの科学者たちは、夢でインスピレーションを得て偉大な発見をしたり、神様から真理を教えてもらっているんだと思いますね。

萩原　やはり、それだけ集合的無意識の宇宙の源のようなところとつながっているんでしょうね。

保江　はい、まさにそのとおりです。

大学生の頃、試験の前になると、他の同級生たちは一夜漬けで勉強をしてくるんですが、僕は勉強もせずにしっかり寝てから試験に臨んでいました。

そうすると、なぜかたまたま僕が図書館で見たページに書いてあった箇所が出題されていたりするわけです。

たぶん、僕の場合は、くりこみが少なくて現実社会からは遠いけれど、いつも催眠状態で潜在意識や集合的無意識に近いところにいるのかもしれません。

萩原　確かに、普通の人は、試験の前には教科書や問題集を見ながら一所懸命勉強しますよね。

でも、試験勉強もせずにしっかり寝て、しかも知っていることしか試験問題に出ていないというのは、先生が集合的無意識につながっているからでしょうね。

保江　素粒子の世界では、宇宙のその他の素粒子からの作用がくりこまれていない電子を「裸の電子」と呼びますが、それに倣えば、僕は「裸の王様」ということですね（笑）。

普通の人は、他の人からのいろんな作用がくりこまれているので、知らない間にたくさん服を着させられている。重ね着のし過ぎでしんどいのかもしれませんね。

萩原　そんな感じですね。

保江　そうかー、僕が小さい頃から勉強をせずにしっかりよく寝ていたのが、結果的によかったということですね。

僕のように裸の王様になっていないと、宇宙は助けてくださらない。だから、みんな裸になればいいい（笑）！

萩原　それはいいですね（笑）。

保江　先生がなさっている催眠療法は、くりこまれた服をたくさん着込んでいる人たちに対して、「この服はもう脱いだほうが楽になりますよ」とお声がけをして差し上げているんですね。

でも、中には僕のようにもともと服を着ていない裸の王様もいる。

……だから同じ裸の女性が好きなのか（笑）。

萩原　普通の人は常識に基づいて生きているので、なかなかそうはならないわけですね。いい換えれば、常識という他者からのくりこみに縛られてしまっているということかもしれません。

Part 4

スプーン曲げの原理とアカシックレコード

ユリ・ゲラーのような超能力者になりたいと思って催眠術を学んだ結果……

保江　ここで少し話題を変えて、最近僕が知り合ったバーディーさんという若い男性の話をしたいと思います。

彼は兵庫県の六甲で「マジックバー・バーディー」というお店を営んでいて、僕から見ると超能力者なんです。

けれども超能力というといろんなところから足を引っ張られるので、一応マジックという体《てい》で不思議なパフォーマンスを見せてくれています。

彼はよくスプーン曲げをやるんですが、きっかけは彼が小学2年生のときにテレビでユリ・ゲラーがスプーン曲げをしているのを見て、自分でもやってみたらスプーンが曲がったので、おもしろいと思って始めたそうです。

ユリ・ゲラーのような超能力者になりたいと思って、子供心に超能力者になるための学校がないかと電話帳で探したところ、さすがに超能力の学校はなかったけれども、催眠術を学ぶ学校はあったので、彼はその専門学校に入ったんですね。

そこで催眠術をマスターした彼は、『世の中で悪用されている心理テクニック』（フォレスト出版）など、催眠術についての本も出したのですが、スプーン曲げと催眠術は関係がないことがわかって、スプーン曲げに関しては自己流で腕を磨いていったそうです。

バーディーさんは、催眠術は、自分が催眠状態になる自己催眠が基本なのに対して、スプーン曲げはさらにそれを超えて、「スプーンが曲がるのはあたりまえ」と思えること、無理にそう思おうとするのではなく、自然にそう思えたときに曲がる、ということに気づいたといいます。

それで、彼のお店では、スプーン曲げなどの超能力的なパフォーマンスと、タネのあるマジックの両方を織り交ぜながら披露しています。

僕は、絶対に人力では曲げられないぶっといスプーンを用意して、「これも曲げられる？」などと意地悪なリクエストばかりしてきたんですが、その中で僕が一番驚いたのが、タネも仕掛けもないトランプを使って、その中から1枚だけ好きなカードをお客さんに選んでもらってそれをまったく見ずに当てるという技です。

もちろん、それだけなら普通のマジシャンでもよくやりますが、バーディーさんは、その技を解説してくれるのです。

その解説によると、お客さんがお店に入ってきた瞬間に、「このカードを引く」という催眠術をかけておく、そうすると、そのお客さんは彼が暗示をかけたとおりのカードを引くというのです。

その間、彼は言葉による暗示は一切かけていません。その点について僕が質問したら、「催眠術には、言葉（声）は必要ないんです」と教えてくれました。

その証拠に、彼は何も話をしなくても、ただお客さんが頭で思い描いた人の名前まで読み取ることができるのです。

詳しいことは、彼と僕の共著、『マジカルヒプノティスト　スプーンはなぜ曲がるのか？』（明窓出版）に書いてあるので、興味のあるかたはぜひ読んでいただければと思いますが、僕が何度もバーディーさんのお店に通って技を見せてもらったり、対談をしてわかったのは、声も使わずに催眠術をかけるには、ある種の必死さが必要だということです。

ようするに、お客さんはお店に入った時点で、バーディーさんが必死の思いでかけた暗示にくりこまれる、つまり催眠状態に入って彼と一体化して、その結果、彼の思いどおりに動いてしまうのです。

これなら、見ず知らずのお客さんが、その場で頭の中で思い描いた人の名前をズバリ読み取れる技にも説明がつきます。

自分が頭の中に思い描いた人の名前をいい当てる透視能力を体験

保江 今年の初めにも、僕の本を出してくれている出版社の女性の社長さんと一緒にバーディーさんのお店に行ったのですが、彼がその社長さんに、

「今、一番気になっている男性の名前を思い浮かべてください」といって、彼女のこめかみ辺りに指を一瞬だけ当てて、読み取ろうとしました。

普通なら、彼はそこで百発百中の確率で、お客さんが思い浮かべた人の苗字と名前をズバリいい当てます。

ところが、そのときに限って、なぜか苗字だけは当てたものの、下の名前は外してしまったんですね。

いつものように透視が成功しなかったバーディーさんは、「あれ？　今年は調子が悪いのかなぁ」といって落ち込んだ様子でした。

ところが、なぜ外れたのかの理由がわかったことで、やはり、彼は間違いなく超能力者であると確信できたのです。

そのパフォーマンスをやる前に、手を触れずに千円札を動かすという技をやってもらっていて、テーブルにはその千円札が置かれたままになっていました、

「気になる男性を思い浮かべて」といわれた社長さんは、特に誰も思い当たらなかったので、目の前にあった千円札の人物、「野口英世」の名前を思い浮かべていたといいます。

ただ、最初は野口英世とはっきり思っていたのが途中から、「あれ？　もしかしたら夏目漱石だったっけ？」と自信がなくなってきたそうで、それをバーディーさんが読み取ったものだから、「野口」は当たったけれど下の名前は外したというわけです。

そのことがわかってから、なおさら彼の能力は「本物なんだな」と感心したんですよ。

萩原　長崎の「あんでるせん」というお店も、同じようなパフォーマンスをされているようですね。

保江　はい、「あんでるせん」は僕も何回も行っていますし、バーディーさんも2回ほど行って、「これは超能力」、「これはマジックですね」と、同業者らしくちゃんと見分けていました。

バーディーさんもいっていましたが、全部超能力でやると疲れるらしいのですね。

バーディーさんのお店では、お客さんはどこでも自由に座れるのですが、「あんでるせん」の場合は、マスターの奥さんが、限定30人ほどのお客さんを一人ひとり見ながら、「あなたはこちら」、「あなたはあちら」と、座る席や立ち位置をすべて指示して決めています。

何回かそこに行ってみてわかったのは、超能力の存在を信じる人は真ん中に座らせ、頭から疑っているような人は端っこに座らせてから、ご主人がいろんなパフォーマンスをされている。

それを瞬時に見分けられる奥さんまで、すごい能力者だなと思いますね（笑）。

萩原　先生がテレビで見た、オーストラリアの催眠術師と同じですね。

保江　はい。一瞬で見抜くんですよ。

それは、お客さんの反応を見ていてもよくわかりますね。

真ん中に座った信じている人と、端のほうの疑っている人とでは、まるで反応が違いますから。

そんなことに気づけたのも、僕が裸の王様だからかもしれませんが（笑）。

バーディーさんのお店では、お客さんもスプーン曲げができるようになるんですが、それは目の前で彼のパフォーマンスを見て、「自分でもできる」と思えるようになるからなのでしょうね。

何ものにも動じない不動の精神を身につければ、誰でも宇宙とつながれる

保江 同じことは、武術でもいえます。

昔、凄腕の日本の武術家がいて、自分よりも大きな体形の弟子たちをポンポン投げ飛ばしていたのですが、あるとき、見るからに腕っぷしが強そうで、筋骨隆々の格闘家がやってきました。

弟子たちは、師匠はいつものように軽く投げ飛ばすだろうと思って見ていたのですが、予想に反して負けてしまったそうです。

そこで、一番弟子は、「もしかしたら、師匠ご自身が、相手にかなわないかもしれないと思ったからではないか」と考えて、自分は毎日、腕立ふせ、四股踏み、バーベル上げをそれぞれ２０００回ずつやり、一心不乱に身体を鍛えたんですね。

それは、もっと筋肉をつけて相手を打ち負かそうという意図からではなく、「この地球上に、俺ぐらい激しいトレーニングに耐え抜いた人間はいない。だから、筋力において俺よりも優れているヤツなどありえない」という強い気持ちをつくるためだったのです。

その結果、外国から巨漢のプロレスラーがやってきたり、どんなに有名な強者がきたりしても、その一番弟子だった武術家は精神的に動揺することなく、軽々と相手を投げ飛ばし、やがて「武道の神様」と呼ばれるようになりました。

つまり、技を磨くことよりももっと大事なのは、身体を鍛え抜くことで自分の気持ちを鼓舞するというか、何ものにも動じない不動の精神を身につけることなんですね。

そこまでいけば、もう完全に宇宙につながっているんでしょう。

もちろん、宇宙とつながる方法は人それぞれで、その武術家のようにとことん身体を鍛える人もいれば、ゆったりと田舎暮らしを楽しむ人もいるでしょうし、ひたすら好きなことに熱中する人もいるかもしれませんが。

そうしたことも、自己催眠になるのでしょうね。

萩原　そうですね。過去１３００年間に数人しか達成していない比叡山の千日回峰行などにしても、催眠状態のままというか、顕在意識を使っていては決してできない行なんでしょうね。

催眠は右脳と関連していて、右脳が活性化していると潜在能力が開きやすいみたいです。

保江 そういえば、以前、岡山の知人から、「鳥取に変わった幼稚園がある」と聞きました。どんなところかを聞いたら、七田式の幼児教育を始めたそうで、ある園児のお母さんががんになったときに、その子が右脳のイメージを使ってお母さんのがんを消したというのです。

具体的には、夜、お母さんと一緒に寝ている間に、自分の身体が小さく小さくなっていってスーパーヒーローになり、お母さんの身体にいる悪者（がん）をバッタバッタとやっつける。

そんなイメージを持ってみてと教えられた園児がそうしてみたところ、夢でもお母さんの中にいる悪者を消すことができて、その結果、お母さんのがんも消えていたそうです。

こんな話をいくら大人にしても、「そんなバカな」で終わるでしょうが、無邪気な子供なら「僕でも本当にできるんだ」と信じ込んで行動できるので、お母さんのがんも消えてなくなったんでしょうね。

そんなふうに、人間は催眠によって本当にスーパーマンなどのヒーローになったり、憧れの科学者や芸術家のようになることもできるんだと思います。

特に、幼稚園までの幼い子供ほど変にくりこまれていないから、それだけ伸びしろがあるんでしょう。

宇宙図書館・アカシックレコードに入って手にした本に書かれていたある数式

萩原　確かにそうですね。

がんの患者さんに催眠療法をするときも、同じようなことをします。

がんになった理由を探るために、ＳＦ映画の『ミクロの決死圏』のように自分の小さな分身をつくって身体の中に入って行く、クライアントさんにそんなイメージをしていただくんです。

そこで、気になるところがあれば、そこが周囲とどんなふうに違っているかを感じたり、がん細胞の中に入って対話をしながら、どうすればがん細胞がそこに留まらないでいてくれるかを聞いてみる。

あるいは、身体の中にいろんな臓器が並んでいるような部屋があるとイメージをしてもらって、そこを歩いているとイメージしてもらう。

「気になる臓器があれば教えてください」というと、

「ここがちょっと気持ち悪いです」と答えます。

「そこは何の部屋ですか？」

「腎臓の部屋です」

「入ってみましょうか？」

「はい、入ってみます」などといいながら、ご自分でがんに近づいてもらうように促します。

そんなふうにご自身のがんと対話をすることによって、それ以上がんが主張を強めることがなくなるのではないか、というのが、がんの催眠療法の基本的な発想です。

保江　そのお話を聞いていて、先ほど僕がはまっていたというシュタイナーのアカシックレコードの話を思い出しました。

シュタイナーは、「アーカーシャ年代記」と表現していましたが、そこはすべての過去の歴史と叡智が記録されている見えない宇宙の図書館のようなもので、ユングの集合的無意識にも近いと思いますが、シュタイナーは、そこからどうやって宇宙の叡智を引っ張り出してくるかについても書いています。

そのやり方というのが、今先生がおっしゃられたやり方と似ていて、大体こんな感じです。

・まずリラックスして、重厚で大きな図書館を思い描き、その中には長い廊下があって、両サイドにはたくさんの部屋があるので、自分が気になる部屋の前で立ち止まり、その扉を開けてみる。

・部屋の中にはたくさんの本棚があり、そこには膨大な数の本が置かれているので、気になる本棚から一冊だけ本を取り出して手に取る。

・それを書見台に持っていって、気になるページを開いてみる。

当時、僕もこの方法を実際に試してみました。

イメージの中で僕が気になって開いた本のページに、なんとそのときに研究していた物理学に関連した数式のようなものが見えたのです。

シュタイナーが、「必要なページを見たら、本を閉じてきちんと元の本棚に戻し、廊下を通って図書館から出るように」と書いていたので、僕もそのとおりにして、それからずっとそのことは忘れていました。

しばらくして、知人からセミナーの講師としての招聘を受けたので、愛車のランチャーに乗ってスイスからドイツのジーゲン工科大学に向けてアウトバーンを走っていたのですが、時速190キロ近くになったときにとても不思議な体験をしたのです。

かくてシュレーディンガー方程式を導くより普遍的な基礎方程式が生まれた

保江　これは、他の本でも書いたのでもしかしたら先生もご存知かもしれませんが、それまでは激しいエンジン音や風切り音が鳴り響いていた車内が、一瞬のうちに完全な静寂の世界に変貌して、車窓の景色だけがゆっくりと流れていくのが見えたかと思うと、額の裏側にフッと、何か数式のようなものが浮かび上がってきたのです。

僕は、疲れていて脳が混乱していたのかなとも思ったんですが、その晩、ホテルの部屋に入って便せんにその数式を書き込んで、方程式を眺めながら適当に関数を当てはめて計算してみたら、「確率量子化」で知られるプリンストン大学のエドワード・ネルソン教授が1964年に発見していた方程式が導けてしまったのです。

ということは、僕の脳裏に浮かんだ不可思議な方程式は、すでに知られていた量子力学のシュレーディンガー方程式を導くより普遍的な基礎方程式であり、のちにこれが「ヤスエ方程式」と呼ばれるようになって、僕は唯一、これで有名になれたわけです（笑）。

僕がこの方程式を思いつけたのも、以前、アカシックレコードの読み方に従って図書館で見つけた本にあった数式のイメージがぼんやりと残っていて、それがアウトバーンですごいストレスが加わったことで、はっきりと脳裏に浮かび上がってきたからだとしか思えません。

あのとき、僕がシュタイナーの解説を読んで、イメージの中でアカシックレコードにアクセスしていなかったら、ひょっとすると「ヤスエ方程式」は生まれなかったのかもしれません。

図書館の廊下を歩きながら、気になる部屋の前で立ち止まってその扉を開ける、という一連のイメージ法は、先ほど先生がいわれた催眠のやり方と同じなんですね。

萩原　それはおもしろいですね。

アメリカの「ホリスティック医学の父」と呼ばれているエドガー・ケイシーも、催眠状態でアカシックレコードにアクセスしていろんな情報を得ていたといわれていますが、やはり、そういう先人たちの叡智が集積したものが、今も残っているんでしょうね。

前世療法でも同じような手法を用いますが、例えば「アルバム法」というやり方では、昔のアルバムを見ながら気になる写真の中に入っていって昔の自分と対話をしていく、などという、いろんなスクリプトがあります。

ただし、エリクソンさんは、定番的なスクリプトは使わず、まるで物語を語るようにしてクライアントさんを自然に催眠状態へと導いていくという手法を取られています。台本のように決まっている言葉だと、どうしても直接的な表現になってしまって、かえって顕在意識でブロックしてしまうことがあるからです。

そうではなく、一人ひとりのクライアントさんに応じて、その場で浮かんできたストーリーに従いながらいろんな比喩を使ったり、直感的に進めていくほうが催眠に入りやすいということがあるのです。

エリクソンさんはそういう手法ですが、型にはまっていないだけ難しいといえば難しい面もありますね。

でも、彼にいわせると、「催眠に入らない人はいない。入らないとすれば、柔軟性に欠けるセラピストがいるというだけだ」ということです。

ようするに、ヒプノセラピストは、クライアントさんが催眠状態で語ることに対して、常にノージャッジで「イエス」であれということです。

普段から直感型のタイプは、一緒にいるだけで相手も自然に催眠状態になってしまう

保江 なるほど、その言葉を聞いて僕は今、ハッとさせられました。

というのは、僕はいつも周りの女性たちから、「女性の気持ちがまったくわかっていない。女性心理にうとい」といわれるからです（笑）。

これまで、あらゆる場面で女性からそういわれ続けてきたのですが、なぜなのか僕にはわからなかったので、あるとき、直接聞いてみたんです。

教えてもらったところによると、女性から何か意見されたり、指摘をされたときに、僕はそれに対して議論をふっかける。

そういうところがわかってないのだといわれましたが、僕にしてみれば、議論をすることで誤解を解いたり話を深められるので、よかれと思ってしているのに、何がダメなのかがずっとわからなかったのです。

それが、今のお話でよくわかりました。

女性は、議論を望んでなどいないのですね。女性が語るすべての言葉に対して、「そうだね、そうだね」といい続けていればそれでいい。

なにしろ、僕は「そうだね、そうだね」といい続けていても何の解決にもならないと思っていましたから。

「そうだね、そうだね」といい続けていると、女性が催眠状態に入っていい感じになれるということを今、教えていただけてよかったです（笑）。

萩原　でも、先生はいつも潜在意識のほうにいらっしゃるので大丈夫ですよ。

保江　いつものままならいいんですが、意見がぶつかるとつい議論になってしまうのがよくないわけですね。

普段は裸の王様なのに、急に服を着て身構えてしまう。だから、女性は嫌がって、「わかってない」となる（笑）。

萩原　でも、先生は普段、正しいとか間違っているとかいうジャッジはあまりしないんじゃないですか？

保江　しません、しません。

萩原　顕在意識はいつも正しい・間違っているとジャッジをしていますが、潜在意識は善悪や正邪を判断しないんですね。

なので、例えば、タバコを吸っているときに顕在意識では、「身体に悪いからやめないといけない」と考えているけれど、潜在意識では、「気持ちがいいからいいんじゃない」と思っていて、結局、潜在意識のほうが勝ってしまうわけです。

保江　なるほど、結局のところは潜在意識が勝っちゃうんですね。

だから、僕はいつもぐうたらなんだ（笑）。

以前、僕の演武を見ていた人が、あまりにも他の武術とは違うので、「催眠術なんじゃないですか？」といっていたのも、これで納得できました。

萩原　先生のように、普段から潜在意識のかたは少ないんですよ。いつも私が「すごいなぁ」と思っていたヒューマン・グロウス・センターの吉本武史さん（＊注）もそんなかたでした。

もうお亡くなりになったんですが、吉本さんも普段から潜在意識で、例えば、旅行に行くときにも事前に計画は立てずに、いつも直感で動いていたそうです。

たぶん、先生も同じような直感タイプだと思いますが、だから、先生と話をしているだけでも相手のかたが自然に催眠状態になってしまうんだと思います。

保江　確かにそうかもしれませんね。

それと関係があるかどうかはわかりませんが、実は僕、半年前から腕に血糖値の変化を見るためのセンサー（24時間・14日間連続して血糖測定できる自己血糖測定）をつけているんですが、この装置によって、僕の場合はストレスがかかると血糖値が上がって、気分がいいときには血糖値が下がるということがわかってきたのです。

■注　吉本武史

日本における現代催眠の創始者。臨床心理士。1982年以降、自らが主催するヒューマン・グロウス・センターにおいて現代催眠のセッションと講座を行ってきた。

エリクソン博士がつくり出した新しい催眠の応用法を自身の実践と経験を踏まえ、それまでは「催眠状態（トランス）とはある特定の方法によってつくり出される特定の意識状態（変性意識）である」と思われていたのを、実際には私たちの意識は多くの場面でいつも変性しているとし、何かを想像したり、思い出にふけるときや我を忘れて物事に集中するときなど、毎日トランスに入ったり出たりしていると捉えることで催眠をより身近なもの＝対人コミュニケーションとして幅広く活用した。

参考文献　『この世はすべて催眠術』（アニマ2001）。『CD「現代催眠」入門』（氣道協会）

なぜか女性とリラックスしていると血糖値は下がり、男性といると血糖値が上がる?

保江 普通、ストレスの度合いは血圧の変化などで測りますが、僕の場合は、血糖値の変化がどうもストレスと関係しているらしいということがわかったのです。

実際に、僕の血糖値のデータと僕の手帳に書かれた出来事を見比べれば、明らかに相関関係があるのです。

例えば、僕が女性と一緒に食事に行って、どれだけ肉を食べたりワインを飲んだりしても血糖値は上がらないし、しかも下がるときさえある。

でも、仕事で男性と一緒に食事をしたときには、血糖値が一気に上がっているのです。

ただ、相手が女性であっても僕に下心があるときには、一緒に食事をしているだけで上がる。

一方、僕の美人秘書や、仕事のお付き合いであっても気心が知れた出版社の女性などのときには上がっていない。

そんなときは、副交感神経優位になって、リラックスできているんですね。

けれども、仕事モードで男性といると交感神経優位になって血糖値が上がる。

これは、僕が小さい頃から女性に囲まれて、大学でもずっと若い女子学生たちと一緒にいたからかもしれません。

たぶん、ストレスと血糖値の関係に着目した研究論文は、これまでに発表されていないと思いますが、少なくともこれまでの僕のデータを見る限り、例外なく相関しているようです。

萩原 確かに、そんな話は聞いたことがないですね。
しかも、食事をして血糖値が下がるというのは通常はないことです。

保江 ですよね。普通なら食後は血糖値が上がるはずなのに、逆に下がっているわけです。
でも、これは僕だけの特殊な例かもしれないので、論文にするにしても、症例は一例だけになりますが（笑）。

もしかしたら、このような身体の反応も、顕在意識と潜在意識の違いを表す一つの指標になるかもしれませんね。

一緒にいる人がお母さんのような安心できる人だと副交感神経優位になって血糖値が下がり、潜在意識になりやすいとか……。

だとしたら、催眠療法士のかたもこのセンサーを腕につけておいて、パソコンでリアルタイムで自分の血糖値を見ながら施術をされると、患者さんもすぐに催眠に入れるようになるかもしれませんね。

萩原　なるほど。

保江　それと、僕は、潜在能力と糖分も関係があるんじゃないかと思っているんです。

というのも、バーディーさんがこまめに大量の糖分を補給していたので、他の治療家や霊能者にも聞いてみたら、みんな甘いものが大好きだった（笑）。

いつもチョコレートや甘口の日本酒を大量に摂っていて、

「糖分を補給しないといい仕事ができない」といっていました。

萩原 糖分は脳のエネルギーですが、もしかしたら、それ以外の何らかの働きがあるのかもしれませんね。

いずれにしても、先生が腕につけられているセンサーを、セラピストとクライアントさんの両方につけてもらってお互いの血糖値の測定結果を突き合わせてみれば、何らかの相関関係がより明確にわかるんじゃないでしょうか。

保江 確かに、それはおもしろい！ 二人の相関関係、相性の良し悪しが血糖値の変化でわかるわけですね（笑）。

萩原 たぶん、それはまだ誰もやっていないので、試してみる価値がありますね。

エゴが少ない人ほど潜在意識とつながりやすい

萩原　いずれにしても、エゴが少ない人ほど潜在意識とつながりやすいと思います。先生のように、普段から潜在意識につながっているかたにお会いできると、私もとても嬉しいです。

保江　いえいえ、こちらこそ。今日はおかげさまでいろんなことがはっきりとわかりました。やっぱり、催眠は潜在意識とつながるのが基本なんですね。

萩原　そして、催眠や催眠療法について学んで、実際に自分が催眠の体験を重ねていくことによって、より自然に潜在意識につながりやすくなります。

最初は、顕在意識が邪魔をして感情にフタをしてしまって催眠に入りにくくても、何度か体験しているうちに、感情がわき出てきたり、自己との対話ができるようになってくる。

すると、とても良い方向に人生観が変わったり、悪しきトラウマから解放されたりするんですね。

保江 なるほど。バーディーさんが超能力者になるために、たまたま催眠の学校に行って催眠術を体系的に習ったこと自体が、彼の能力を開眼させた可能性がありますね。

萩原 そこで、潜在意識とのつながりがより強化されたんでしょうね。

保江 だから、彼にとっては催眠術を学んだことは結果的によかったんだ。

萩原 でなければ、そんなに深いレベルで潜在意識とつながらないし、その能力も開花しにくいと思います。

潜在意識とのつながりが深まれば深まるほど、いらないもの、先ほど先生がおっしゃられた変なくりこみが取れて、とても楽になるし、潜在能力も発揮しやすくなりますから。

実際に、催眠療法を受ける前と受けられた後では、まったく別人のように表情が明るくなったり、物事を前向きに捉えられるようになっていく人がたくさんいらっしゃいます。

保江　なるほど、くりこみが外れて、裸の王様に戻っていくんですね。

病気を治したり、トラウマを外したり、本当になりたい自分になるなど、目的は人それぞれ違っていても、まずは国民みんなで催眠ができるようになることが大事ですね。

そうしたら、まず自分が幸せになって、つながっている周りの人も催眠状態になってハッピーになっていく。

つまり、完全調和の神様の世界とつながるには、催眠の連鎖が大事なんですが、あえてそんなことを説明しなくても、

「とにかく、催眠はおもしろいからみんなでやろうよ」と普及していきたいですね。

萩原　催眠が広がれば、個人のエゴが少なくなるので、みんな幸せになりますよ。戦争の根本原因はエゴなので、先生のような裸の王様が増えれば、みんながエゴを超えてつながりあって、幸せな社会を築けると思います。

保江　まさに、平和は催眠から！

特に、世の男性陣は女性に好かれたいと思っているので、変に恰好つけないで催眠をやるのが手っ取り早いですね。

それがわかれば、おそらくみんな必死でやるでしょう（笑）。

僕もこれからは、ぜひ、催眠を普及する裸の王様でありたいと思います（笑）。

Part 5

すべての武術の極意は催眠にあり！

（対談2回目）

大東流合気柔術の大家・佐川幸義《ゆきよし》先生も若い頃に催眠を学んでいた

保江　前回の対談で先生にお話を伺って、催眠についていろいろと気づかせていただいた点が多く、中でも「常識はすべて催眠なんだ」ということは非常に腑に落ちました。

実は、僕が合気道を始めたのは、高校3年のときに合気道の創始者である植芝盛平先生がテレビで演武をされている姿を見たのがきっかけで、この小さな身体のご老人にこんなすごいことができるなら僕にもできそうだと思って、大学では合気道部に入ったわけです。

でも、残念ながら、植芝盛平先生は僕が大学に入る半年前にすでに他界されていました。大学に入って合気道を習い始めたものの、実際には僕のような軟弱な身体の人間が屈強な身体の人を投げ飛ばすのはなかなか難しく、そこで合気道の極意をつかんでいる師を求めて、「あそこにすごい先生がいる」と聞けばどこにでも出かけていき、いろんな道場巡りをしました。

でも、どの師範も、結局は小手先の技術だけで、植芝先生のようなかたはいませんでした。

達人といわれるような武術家たちの本を読んでみても、合気の極意、武術の神髄はつかめないまま悶々としていたら、運よく合気道の前身である大東流合気柔術を指導されていた佐川幸義先生とお会いでき、佐川道場に入門させていただくことができたのです。

当時、佐川先生は80歳を過ぎていましたが、自分よりも体格のいい若い門人たちを次々にバッタバッタとなぎ倒していて、僕自身も、最初に佐川先生に投げられたときには何がなんだかわけがわかりませんでした。

僕が佐川先生の腕を両手でつかんだら、次の瞬間には僕の身体は畳の上にひっくり返っている、その途中経過の意識がないのです。

もちろん、傍で稽古を見ている人には僕が投げられている経過は見えている。でも、投げられた僕自身には途中経過がないのです。

そのとき、僕は自分の内面を操作されたんじゃないかと思ったわけです。

それから、人間の内面に作用することがらについて調べ始めようと思ったんですが、なんとその佐川先生ご自身が、昔、催眠術を研究されていたそうなのです。

それと、ちょうどその頃に、少年マガジンに連載されていた『ワル』という漫画があって、僕はそれにもはまっていたんですが、主人公のワルは、毎日暴力に明け暮れる不良学生でした。

原作者(真樹日佐夫)が極真空手の猛者《もさ》で武道界でも著名な空手家だったこともあって、漫画とはいえとてもリアルな描写が多かったのです。

主人公のワルは、いつも学生服に木刀を忍ばせていて、相手がやくざであろうが何であろうが木刀一本でやっつけ、そのあげく少年院に入れられます。

少年院にはボスがいて、見かけは軟弱なタイプに見えたのですが、ワルはその一見弱そうな人物に完膚《かんぷ》なきまでにやられてしまうのです。

実はその軟弱な感じのボスは合気道の使い手で、初めて合気をかけられたワルは、自分が勝ったと思った瞬間に投げ飛ばされていたのでわけがわからなかったのですね。

でも、そのときにワルは本能的に何かを感じ取って、思いっきり自分の腕を短い鉄棒でたたきつけると、なぜかそれから相手の技が効かなくなって、結局、最後にはワルが勝ったのです。

そのときのワルのセリフが、「合気道は催眠術だ」という言葉でした。ようするに、ワルは自分が催眠術をかけられているとわかったので、短い鉄棒で自分の腕を叩き、その激しい痛みによって催眠術から脱したというわけなんですね。

武道の基本原理を明らかにするために脳科学の実験を踏まえて書いた『脳と刀』

保江　若い頃にそんな漫画を読んでいたこともあって、僕は合気道の極意と催眠術は関係があるのかなと思い、自分なりに研究するようになりました。

それで、今から11年ほど前、２００９年に、『脳と刀——精神物理学から見た剣術極意と合気』（海鳴社）という本を書いたのです。

武道の基本原理を明らかにするために、合気をかけているときに脳のどこが活性化しているかなど脳の断層撮影（ＭＲＩ）や脳波実験などを行い、脳科学の知見を踏まえた内容になっています。

合気道だけではなく、あらゆる剣術の秘伝書、また弓道や禅の世界においても、常に平常心で対処できるような内面の鍛錬が重要だと説かれていますが、それを踏まえた様々な実験からわかったのは、合気をかけているときと「こっくりさん」をやっているときの脳の活性化している部位は同じ前頭前野であるということです。

そうしたときにはドーパミンがたくさん出ていて、脳波はアルファ波優位の状態だということがわかりました。

この点に関して、オイゲン・ヘリゲルというドイツ人の哲学者が弓道の師の下で修行しながら禅について学んでいく『弓と禅』（福村出版）という本があります。

そこに、真っ暗闇の中、師が放った矢が1本目は的のど真ん中に刺さり、続いて放った2本目の矢はなんとその1本目の矢の後ろに当たって真っ二つに割いたという話が出てきます。

なぜそんなことができるのかを知りたかった弟子に対して、師は、的に当てようとする意図を捨てるということを諭し、一切を忘れてただ呼吸に集中したときに、「的と自分が一体になり、そのときに矢を放つと必ず的中する」という極意を教えたところ、やがて弟子もそれを体得できたという話です。

僕は、これがあらゆる武術の神髄なんじゃないかと思います。

西洋の古代オリンピックにも同じような話があるんですが、古代オリンピックはゼウス神を祭る聖なる祭典で、血を流すことは禁じられていました。

ようするに、古代オリンピックは神の託宣によって始まったわけですが、競技そのものがご神事だったので、レスリングなども今のように力による勝敗を争うのではなく、まず相対する二人の男性がともに瞑想状態に入ったそうです。

そして、それぞれに審判がついていて、各々の選手が瞑想状態に入った時点で旗を上げ、それから二人が組み合うのですが、それは彼らに神様が乗り移った証拠なので神のように美しいフォームで相手を投げなくてはならず、その姿によってご神託を得るというものだったようです。

ようするに、東洋でも西洋でも武術の極意、神髄は、ただ一方的に相手を打ち負かすというものではなく、相手と同期するというか同調する、あるいは逆にそれを打ち破る、そのかけひきというわけです。

『脳と刀』ではそれを一冊にまとめたのですが、でもこの本を僕の門人たちがいくら読んでも合気の極意をマスターできるわけではないし、僕も道場でそれができると思ってやっているわけではないのです。

ただ、原理としてはこうなんだろうなと思って本を出したわけですが、今回、先生から、「催眠というのは、自分が裸の王様になることで相手も裸の王様にしてつながること」だと教わって、僕が10年前に調べていたあらゆる武術流派の極意は、まさにこの催眠なんだということがはっきりとわかりました。

合気は催眠だと知った門人たちはそれを証明するような演武を見せた

保江　それでこの前、名古屋の僕の道場で、これまでは、「汝の敵を愛するようにするんだよ」と説明をしても僕のようには技をかけられなかった門人たちに対して、

「催眠というのは、まず自分が催眠状態になればそれが相手に移っていくんだよ。合気もそれと同じだから、今日はまず自分がぽあーという感じの催眠状態になってからやってみて」といって僕が見本を見せてから、門人たちにも実験的に試してもらったのです。

まず僕がやってみせたら、大柄な門人をいつも以上に軽々と投げられて、彼も、「先生、何をしたんですか？」と驚いていたので、「いや何もしてないよ。ただ自分を裸の王様にしただけ」と答え、門人たちにもやってもらったら、みんな緊張していたようですぐにはできなかったものの、一人の小柄な年輩の女性だけはすぐにできました。

その女性は、少し足が悪かったのにもかかわらず、みんなが「何で？　何で？」と目を見張る中、ケラケラと笑いながら自分よりも大きな男たちを軽々と投げ飛ばしていきました。

もしかしたら、彼女も僕と同じように生まれつき裸の王様だったのかなと思って、名古屋道場の師範に、

「あの年輩の女性、どういうかたなの？」と聞いたら、良家のお嬢様として何不自由なく育たれたかただということで、僕は「なるほど」と納得できました。というのも、そもそも合気道は、その昔は皇太子や大名の若様たちに伝えられてきたもので、それだけ何不自由のない環境に生まれ育った人たちのための武術、まさに裸の王様によって引き継がれてきたものだからです。

そこで、「あの女性の傍に行くだけで催眠が移るんじゃないか」と思った僕が門人にそう伝えたところ、その女性の近くで稽古をしたら、それまではできていなかったのに、同じように軽々と技を決められるようになったのです。

裸の女王様の催眠が皆さんに浸透していく様子を見ながら、僕は、「あぁ、やっぱり萩原先生がおっしゃっていたとおりだ」と思い、「これでついに僕の『脳と刀』で未解決だった部分に結論が出た。完結した」と思えました。

実は、剣術で有名なあの宮本武蔵も、『五輪の書』の「火の巻」の中で同じようなことを述べています。

それは、「うつらかす」という言葉なんですが、ようするに、あくびや眠りが移るように、敵がうわついて事を急ぐ心が見えるときは、こちらがいかにもゆるりとなって見せれば敵も弛む、その移ったと思ったときに心を空にして仕掛ければ勝利を得る、というわけです。

自分の内面状態を相手に移す、移された人はまさに催眠状態になるということなんですね。

しかも、ワルが自分の腕を短い鉄棒で叩いたように、そのうつらかすということに気づいた剣術家もいて、うつらかせられた状態を自分で破る方法もあるのです。

それは、普通ならゆっくりと剣を構えて振りかぶり、一気にすばやく剣を振り下ろすところ、反対にサッと構えてゆっくりと振り下ろすということでした。

そうすると、相手は「えっ？」と驚き、その瞬間うつらかしが外れる、その隙に切りつければ簡単に相手を倒せる、というわけです。

自我意識による思考や雑念を払うのが合気。あらゆる武術の極意は催眠である

保江　また、「夢想剣」と呼ばれる極意では、相手が攻撃してくる前から自分があたかも赤子のように、夢想しているかのような状態をつくり出し、自我意識による思考や雑念を払うことによって、その脳の状態（大脳皮質の機能低下）が相手の脳にも同じ作用として伝わるという事実を伝えています。

『脳と刀』では、他にも様々な流派における精神の作用について解説してあるのですが、ようするに「武術の極意は催眠」であって、相手に打ち勝つにはいかにしてその催眠を解くかということ。

やはり、先生が教えてくださったように、すべてのキーワードは催眠なのです。

萩原　いやー、そんなことをひも解かれて、気づかれた保江先生がすごいですね。

保江　いえ、そのことを先生から教えていただけたからです。

『脳と刀』では、現象としてこういうことがあると示しただけで、これを一貫してまと

める原理がなかった。
それが今回の、催眠に目を向けるということですべてまとまったのです（笑）。

萩原 武術家も催眠状態だからこそ、相手を自在に操れるというのは、まさに潜在意識でつながりあっているからですが、先ほどご紹介した吉本先生も同じようなことを誘導催眠の中で語られていました。
きっと、優れた武術家は優れた催眠療法士と同じなんですね。

保江 確かに、名古屋道場の年輩の女性もいつも笑っていて、これまで彼女はストレスのない育ち方をされたんだろうな、と思わせる人です。
彼女のように、ピュアな裸の女王様、お姫様のままでいられたら、本当に幸せで、誰もがすごく素敵な人生を歩めるんだろうなと思いますね。

萩原 本当にそうですね。

保江　今日は、真っ先にそのことを先生にお伝えしたかったのです。

次に、つい最近、僕のところに届いたメールについてご紹介させてください。

相手のかたのお名前はオフレコにさせていただきますが、仮に川久保さんとしておきます。

川久保さんは僕の動画を見られたそうで、彼女からいただいたメールの内容は、次のようなものでした。

「先生の声質とトーン、バイブレーションは、そのまま覚醒の響きを持っていると感じました。よいしょやお世辞ではなくて、そう思っていました。

前から、先生のお声はオーセンティックボイス、魂からのお声だと思っていましたが、今回たっぷり聞かせていただいて、そんな思いが確信的になりました」

萩原先生から、僕は裸の王様みたいだといわれて舞い上がっていたんですが、さらに今回川久保さんにも同じようなことをいわれて、これまで僕の講演会に来てくださっているかたがたは皆さん、催眠にかかってなんとなくよくなっていかれる、だから、僕の話自体はたいしたことなくても聞きに来てくれるんだろうなと思えて、これもすごく腑に落ちたのです。

隣の従兄弟に愛魂《あいき》をかけていたら、彼の横にいた女性からお誘いの声がかかって……

萩原　先生は、普段からあまり物事を善悪で判断しないとおっしゃられましたが、まさにそれが、催眠なんですよね。

普通は、顕在意識で、つい正しいとか間違っているとかジャッジをしてしまいますが、先生の場合はそんな囚《とら》われがない裸の王様だから、周りの人たちも同じように裸になりやすいんだと思います。

保江　いわれてみれば、こんなこともありました。

今から十数年前、僕が、「少し合気ができるようになったかな」と思えるようになった頃の話です。

従兄弟が当時、東京工業大学の助教授をしていて、その頃の彼は元気がなかったので、一杯やりながら合気をかけてやろうと思ってイタリアンレストランのバーカウンターに並んで座りました。

従兄弟には内緒で、いつも僕が道場でやっているように、「汝の敵を愛せよ」という教えに従って、隣の従兄弟に愛を向けながら合気をかけていたところ、20～30分経った頃に、従兄弟の向こう隣にいた若いきれいな女性がすくっと立ち上がって、僕のところにやってきたのです。

「見ず知らずの女性が何だろう？」と思ったのですが、その女性は僕に向かって、

「すみません。私、決して自分からこんなことを口に出すタイプじゃないんですが、どうしてもあなたに一緒にワインを飲んでもらいたくなったので、ご一緒させてもらえませんか？」といってきたのです。

僕は内心驚きながらも、

「いいですよ」とお答えして一緒にワインを飲んでいたら、真ん中にいた従兄弟が、

「俺、邪魔みたいだから……」といって席を立ち、結局、お店が終わる深夜まで女性と二人だけでお酒を飲みながら盛り上がっていました。

気がつくと深夜2時を過ぎていたので、僕が、

「じゃあ、そろそろ」というと、なんと彼女は、

「私、今日は帰りたくないの」と濡れた瞳でささやいてきたのです。

さすがの僕もそれ以上は自制したんですが（笑）。

今にして思うと、僕が従兄弟を元気づけようと思って愛魂（合気）をかけていたら、知らないうちに従兄弟の隣にいた見知らぬ女性までもが催眠状態になっていたということなんですね。

バーディーさんからもそれと同じ話を聞いたことがありましたが、やはり、合気も催眠だし、それ以外の武術も、あるいは政治や経済も、すべての対人コミュニケーションは催眠だということがよくわかりました。

萩原　先ほどお話した吉本武史さんは、片山交右さんと一緒に『この世はすべて催眠術』

（アニマ2001）という本も出されていて、催眠を誘導するときによくメタファー（比喩表現）を使われていました。

吉本さんが語っている瞑想誘導の言葉が収録されたCD（『現代瞑想入門』）が残っているんですが、それは合気道を習っている兄と弟のメタファーで、いつも弟は兄の練習台をやらされてポンポン投げられていたんです。

そこで、弟は兄が習っている合気道の師匠に教えを請うのですが、師はまもなく海外に行くということで、すぐにその極意を弟に伝授してくれることになりました。

そこで師は、呼吸を合わせることによって、相手を自在に動かす方法について述べているのです。

このメタファーを聴いているだけでも深い催眠に入ってしまうんですが、後で先生にお送りしますので、ぜひ聴いてみてください。

保江　はい、ありがとうございます。

自分が身構えなければ、自然な流れのまま物事がスムーズに運んでいく

萩原　吉本さんは天才的な人で、いつも潜在意識で生きていたので、例えば、バスの中に周りの人たちが思わず避けたくなるような険悪な雰囲気の人がいても、平気で傍に行って話しかけるのです。すると相手も穏やかになります。

また、向こうから恐そうな動物や見すぼらしい物乞いの人がやって来ても、吉本さんはまったく身構えることがなかったそうです。

自分が身構えなければ、自然な流れのまま物事がスムーズに運んでいきますよね。

スポーツなどでは、よく「フロー状態」とか「ゾーンに入る」などといわれますが、普通はそのときだけで日常生活に戻るとそれが途絶えてしまいます。

しかし吉本さんや、保江先生のような裸の王様は、いつもフローでいらっしゃるのでしょうね。

保江　僕が裸の王様だったということがわかったのも、催眠療法のプロであられる先生にお会いできたからこそで、それがもし見世物や際物《きわもの》的な催眠術のことしか知らなかっ

たら、武道の極意が催眠だったということもわからないままだったと思います。

僕がこれまで様々な研究をしてきて、それがすべて催眠というキーワードで括《くく》れたことが本当に嬉しいのです。

合気道の世界で「これが合気だ」などといってみても、結局、派閥争いのような状況になるだけだったのが、「あらゆる武術は催眠だ」と認めることで、もっと大きなものとして捉えられると思います。

萩原　もっと抽象度が高まりますよね。

保江　はい。合気で勝ったとか負けたとかという話ではなくて、そんな勝ち負けを超越した世界が催眠だからですよね。

しかも、武術の極意は、怪しげな催眠術程度のものではなくて、ちゃんとした学術的な催眠であると、胸を張って主張できるところがすばらしい！

萩原　先生はもう、催眠のことをよくご理解いただいているからよいのですが、実は、催眠という言葉自体もかなり手垢がついてしまっているんです。催眠と聞いただけで催眠術を連想するせいか、怪しげなものだとか人をコントロールするとかマイナスのイメージを抱かれやすいんですね。もっと他にいい言葉や表現があればいいんですが、なかなか……。

保江　あぁ、なるほど。一緒に考えていきましょう。

ところで、先日、僕の岡山の家に帰ったら、うちの数軒隣に、「凍結解凍覚醒技術株式会社」という看板がかかった4階建ての新しいビルができていて、その入口には、「幸福産業株式会社」という別の看板もかけられていました。

僕はそれを見たときに、「何か変な宗教団体でもできたのかな？」と思いつつ従兄弟に話をしたら、

「何いってるの。あの会社はすごく有名な会社なんだ」と教えてくれたのです。

凍結解凍覚醒技術というのは、パパイヤやバナナなどの熱帯地方で栽培されている植物を、日本でも栽培できるように耐寒性植物としてつくり出す新しい技術のようです。

バナナやスイカなどの遺伝子情報をいったん凍結し、次にそれを解凍して覚醒させる

ことによって新品種の作物をつくるというもので、しかも糖度が高く美味しくなる。

それは、従来の遺伝子組換えや遺伝子操作とは違う、危険性のない第3の技術だということで、ロシア政府もこの技術に目をつけて、ロシアでも研究が始まっているそうです。

いったん冷凍してから解凍すると、能力が覚醒する。これこそまさに催眠だ！

保江　開発者は岡山のかたですが、なぜそんなことを思いついたかというと、恐竜は氷河期に寒さに耐えられず滅びたのに、小さな爬虫類は絶滅しなかったことに着目したからです。

ようするに、氷河期に爬虫類の卵は凍結して、そのほとんどは死滅しても数個だけは死なずに、氷河期が終わって解凍されると孵化して、そこで能力が覚醒した爬虫類になったのではないかと考えたそうです。

その原理に基づいて様々な植物を使って種の冷凍と解凍の実験をしたところ、バナナやスイカが甘くて美味しくなり、皮まで食べられるものができたというわけです。

「幸福産業株式会社」という社名も、この技術を多くの分野に応用していけば、地元岡山だけではなく社会全体が幸福になるはずだという社長さんの思いでつけられたそうなんですが、そうなると、もしかしたら人間の遺伝子を冷凍しておいてしかるべき時期がきたら解凍する、そうすると能力が覚醒した個体が誕生する可能性もあるかもしれません。

なぜこの話をしたかというと、この冷凍・解凍・覚醒がまさに催眠なんじゃないかと思ったからです。

つまり、意識の冷凍・解凍・覚醒を一瞬にしてやれるのが催眠で、この3つのステップを一気に体験すれば誰でも幸福になれるとするならば、これこそ幸福産業になりますよね。

先生に教えていただいたように、無意識に階段を走って降りられたり、人混みでもぶつからずに通り抜けられたり、安全に車を運転できるというのもすべて催眠。

だからこそ、私たちは無理なく、ストレスなく日々の生活を送ることができる。

つまり、催眠こそが我々に幸せをもたらしてくれている、ということなんじゃないでしょうか。

萩原　確かに、そういえるかもしれませんね。

保江　その反対が、催眠状態から離れた自我意識。それによって、人はカリカリしたり、イライラしたりしてしまう……。

萩原　それはきついですよね。

保江　それでは、いつもピリピリした人生を送らなくてはいけなくなるわけですよね。例えば、鼻歌を歌いながら車を運転していると、横から急に人が飛び出してきたりしても柔軟に避けられますが、ピリピリと緊張した状態で運転をしていると、突然の事態に対応できず、それだけ事故につながりやすい。

こんなことからも、催眠は幸せの種ということがわかりますね。

まさに、世界の平和は催眠から（笑）！

萩原 いいですねー（笑）！ いつも自我意識、エゴに従っていると、政治家のように「私が、私が」と主張するしかなくなるので、そうなるときついですものね。

保江 今の民主主義は、「私が、私が」だけを主張するようになっておかしくなってしまったんですね。

おかしな人が専制的な政治をしたらもちろんダメですが、昔はりっぱな専制君主がいて、それが神官の下で政《まつりごと》をやっていたので全体が調和していた。

僕なりの表現でいうなら、完全調和の神様に全託していたわけで、だから、昔から特別な家系の中では、完全調和とつながれる人を育てるために、それなりの恵まれた生活環境が与えられ、大事に守られてきたんでしょうね。

そうでないと、皇太子は現人神《あらひとがみ》としての天皇にはなれませんから。

その意味では、現人神イコール、究極の裸の王様といえるかもしれません。

それにしても、先生のおかげですべてがクリアになりました。

萩原　こちらこそ、催眠についていろんな角度から解説してくださって、本当にありがとうございます。

Part 6

催眠に代わる言葉は「コンタクト」

催眠療法は真に心の奥深くから変化をもたらす強力な技術

萩原　ここで、催眠療法を受けられたかたの感想をいくつかご紹介したいと思います。

まず、体験者のかたからいただいた文章をそのまま読ませていただきますね。

このかたは50代の女性で、美術大学の先生です。

「催眠療法を受けて気づいたこと、その後の変化についてお伝えします。

がんをきっかけに『魂の理想を生きる』という目標を立て、それが自分の芸術表現活動といかに関わっているかを知るために催眠療法を受けました。

催眠療法をとおして教わったことは、たとえ目の前に現れた一匹のエンジェルフィッシュでさえ、あらゆる現象がメッセージであるということ、また、充分に自己表現をしないまま終えた過去世があったので、今世は挑戦のために来たということ、そして未来には、挑戦し、光の満足感に満ちた幸せな自分がいるということでした。

催眠療法の体験から、今日で17日が経過しました。その間、催眠時に体験した幸せな自分を持ち帰ってくることができたためか、幸福感が継続しています。あらゆる現象がメッセージであると思うたびに、目に見えない存在が常に自分に働きかけており、自分は支えられているということが思い出されます。

常に意識を向ければ、潜在意識、宇宙とつながることができ、自分は一人ではないという幸せな感覚に包まれます。私の質問に潜在意識、宇宙は必ず答えてくれるという確信が腑に落ちました。

以前の私なら良くないと思える事象も、今はすべてメッセージと捉えます。すると、これによってどんな行動を取ればよいのかが次の手を教えてくれるメッセージに変わります。そして、見守ってくれてありがとうという感謝に変わります。

良いことも悪いこともその根っこは同じで、どちらも宇宙の愛情で自分を応援していることがわかります。なので、たとえ不安感が生まれてもすぐに切り替えることができ、日常の出来事の意味をより一層味わうことができるようになりました。

また、あらゆる体験は、自分でつくった幻想のようなものと感じる意識が強くなりました。催眠療法で見た世界は、もしかしたら幻想かもしれませんし、今現実のように見えている世界も、同様に幻想かもしれません。

真面目で深刻な感覚が薄れました。今起きているように見える現象は、実は幻想で、自分で幻想をつくってはそこで遊んだり苦しんだりして、時期が来るとそこを抜け出し、また次の幻想をつくって同じことをくり返しているように感じます。

私自身はここにいて変化せず、ただ見える風景、幻想だけが変化し、異なる体験をしているかのように見えるんです。意識ある人間である以上、おそらくこの幻想遊びからは抜け出せないでしょう。ならば、少しでも軽やかに幻想を楽しみたいものだと思います。

催眠療法体験後、おかげさまで、私が当初望んでいた魂の理想を生きることができるようになったと思います。自分の芸術表現活動との関係も見えました。

私は作品制作で、30年以上悩んだり苦しんだりしていました。そのストレスが原因でがんになったと思っています。しかし同時に、この苦しみをとおして魂を磨くことを選んで生まれてきたとも思っています。

きちんと苦しむことができているということは、人生の目標から目をそらしていなかった証でもあります。今は、苦しみや恐れは単純にすばらしいイメージに書き換わる宝のありかとわかったんです。メッセージを読み解くことができました。

私が読み解いたメッセージは、以下のようなものです。

美術とそれにまつわる権威は人間がつくった幻想。そこには、人間がつくった作品と語られた言葉があるだけ。

美術といわれる諸々は、高い山に仕立て上げられている。私はその山に登りながら、さらにその山を高くしようともがいていた。

充実した制作活動になるはずが、なぜか疲弊していく。そうだ、山に登っている人間が山を高くすることはできない。私は山を下り、別の場所に居心地のよい世界をつくる。

美術という権威は、人間がつくった幻想だったが、美は幻想ではない。私は、望めば誰もがアーティストになれる世界、美にアクセスできる世界をつくる。

美を表現するのに、美術である必要はない。それは作品と呼ばれる物体になるときもあれば、教育と呼ばれるシステムになるときもあるだろう。名前はつかないこともあるかもしれない。

いずれにしても、フォーカスすべきは美術という幻想ではなく、美という真実。


メッセージは以上です。

自分との対話を深めた結果、おもしろいことに気づきました。これからが楽しみです。

最後に、催眠療法は、真に心の奥深くから変化をもたらす強力な技術だと思いました。それは、出来事の背景にある、時を超えた自分と潜在意識、宇宙の共同の契約に気づくからかもしれません。

実は、体験前と後では心理状態が違い過ぎて、以前の気持ちを思い出すことすらほとんどできなくなっています。もう体験前の状態に戻ることはありえないと思います」

保江　すごいですね。

萩原　この後、しばらく経ってから同じかたからメールが届いたので、続けてそれも読んでみます。

「こんにちは。朝夕涼しくなってまいりましたが、先生にはお変わりございませんか?

私のほうは、その後、自分史上最高にクリエイティブに調和的に生きている気がします。

実は今日はこの件でご相談があり、メールさせていただきました。

この度の施術で私自身、催眠療法のすばらしさを体験しました。また日を追うごとに一過性でないその価値に驚くばかりです。これは、私が継続して受けている対話型のコーチングとの相乗効果もあるかもしれません。

そこで、催眠療法を『患者を対象とした癒法』という枠組みを超え、アーティストが潜在意識とつながり、創造性を開発する手法として応用できないかを考えるようになりました。

潜在意識の扉を開く催眠療法と自己省察を促す対話型コーチングを複数のアーティストに対し施すことによって、これらの手法が創造性開発に有効であることを検証し、発信していきたいのです。

そこで、以前もお伝えしましたが私は大学教員をしていますので、この度、この研究テーマで科学研究費助成金に応募することにいたしました。

ついては、萩原先生に『研究分担者』として催眠療法について施術および専門的な見地からアドバイスなどのご協力をいただきたいのですが、お願いできますでしょうか。

（中略）

突然のご相談で大変恐縮ですが、実際催眠療法を受けてから不思議なことにあらゆることが加速しているようです」

萩原　創造性を開発するコーチングに催眠療法を活用したいという、こんなメールをいただいたんです。

保江　それはすばらしいですね。

萩原　このかたに、催眠を習い始めてからどれくらい経っているかをお聞きしたところ、次のように教えていただきました。

「私の人生初の前世療法体験は、萩原先生の『前世療法体験CDブック』です。

それ以前の話になりますが、何の予備知識もない私が、病気の子供の心を少しでも楽にしたい一心で基礎セミナーに参加したのに、教えてもらったのはただの暗示。私にとって、大枚はたいての参加だったので、まるで詐欺にあったような気持ちでした。

二日間のセミナーを終えて出た課題は、催眠に関する本の感想でしたが、私はそんな難しい本など持っているはずもなく、先生の『前世療法体験CDブック』なら簡単に読めるだろうと、その本を読みました。付属のCDを聴くときは、どうせこんなんで、前世体験なんてできっこない……と、まったく期待せず、体育座りで適当に聞いていました。ところが、このCDが、私の人生を変えたのです。

CDの誘導に沿って浮かんできたイメージは、『アルプスの少女ハイジ』。

ハイジは、足が不自由で身体の弱いクララのことや、目の見えないペーターのおばあさんのことをとても案じていました。そしてハイジは、そのことを心に残しながら死んでいきました。そして、私にいったのです。

『あとはお願いね。障害や病気のある人のことは、あなたに任せたわ。あなたならできるわ……』

は〜？　私、託されたんだ。大好きなハイジに、託されてたんだ。そう思った瞬間、私の身体の細胞がいっせいに入れ替わるような感覚がありました。まるで、生まれ変わったような感じです。ＣＤを聞く前と聞いた後、状況は何一つ変わらないのに、見える景色はそれまでとまったく違っていました。

離婚した夫は難病、子供も不治の病。自分を責め泣いてばかりの日々でしたが、ハイジのおかげで納得し、自分の人生を受け入れることができました。

ちょうど、基礎セミナーの暗示文実行の時期でした。暗示文の内容は、『大好きな秋を全身で感じ、一日に一句歌を詠む。それを一ヶ月間続けて、今年の秋を満喫する』。どんなことがあっても、前向きで明るい歌を詠みました。

その頃、『自分のネガティブ思考が、ネガティブな現実をつくっていた』ということに、ふと気づきました。

『自分が自分を不幸にしていたなら、自分で自分を幸せにできるはず』

そう思ったら、急に心が軽くなり、その後は、暇さえあれば、自己暗示。生ける屍《しかばね》状態だった私は、みるみるうちに元気になり、生きてる実感がみなぎってきました。

あまりの私の変化に、一番驚いたのは自分自身。催眠の効果を実感し、私は、基礎セミナー翌月のセミナーに慌てて申し込み、前世療法を学びました。

ある日、クライアント役になってくれた地元の友人の催眠中に、とても不思議なことが起こり、結果、子供に指一本触れてないのに、子供の病気が治るという奇跡を体験しました。この一件で、私は、潜在意識の無限の力を信じざるを得なくなりました。

そして、セミナー受講生同士のセッションで、私の心に刻まれた過去の産物を一枚一枚はがしていきました。私がクライアント役のときに必要なメッセージがあるのはもちろんのこと、セラピスト役であっても、そのセッションから私に必要なメッセージが届き、毎回、号泣です。

そのときは、辛くて辛くて仕方ないのですが、その後に、少しずつ心が癒やされていきました。一つの課題に向き合うことで、他の問題が一緒に解決されることも多く、私は、どんどん楽になっていったのです。

今の私があるのは、催眠に出逢ったおかげ、萩原先生とのご縁のおかげと、いつも感謝しています。本当にありがとうございました」

「自分を許してもいいんだという気持ちが湧きあがり、涙が止まりませんでした」

萩原　このかたは、最近私が出した『聴くだけで免疫力が上がるCDブック』（BABジャパン刊）の出版記念のオンラインイベントにも参加してくれたんですが、その後にもこんな感想を送ってくださいました。

「『聴くだけで免疫力が上がるCDブック』を聴いた感想です。

先生方の誘導とBGMは、心地よく私を潜在意識に誘ってくれました。

免疫細胞は、小さな透明のふわふわした玉。新型コロナは、『幸せに気づくため』に現れてくれたようです。

そして、インナードクターは、サンタクロース。メッセージは、『自分が満たされていれば、周りの人を幸せにすることができる』。それらのメッセージだけでも感動したのですが、実はそれ以上に、感動したことがあります。

それは、安心・安全な場所への誘導のとき。私の安心・安全な場所は、ナントナント、男の人の腕の中。びっくりしました。

病気の夫と別れてから、12年。催眠療法を習って、10年。今まで、いくらでも手放すことはできたのに、自分の背負った罪を手放したくない私がいました。

でも、男の人の腕の中でそのぬくもりを感じたとき、自分を許してもいいんだという気持ちが湧きあがり、感無量、涙が止まりませんでした。

先生、私は催眠のおかげで、自分のペースで前進しています。そして、コロナ禍でも、たくさんの幸せを感じ、とてもよい時間を過ごしています。

先生のCDは、いつも効果抜群です。本当に、ありがとうございました」

萩原　ということで、催眠誘導のCDを聴くだけでこのような深い体験をされる人がけっこういらっしゃるということなんです。

保江　うーん、すごいですね。

萩原　もちろん、すべての人がこのような気づきを得られるわけではないし、「催眠に入れませんでした」というかたもいらっしゃいますが……。

保江　私もそのＣＤを聴かせていただきました。贈ってくださって、ありがとうございます。

ＣＤの冒頭で、「自分が一番安心・安全な場所に行って……」といわれたときに、僕はどこにいたかというと、宇宙船のコックピットにいたのです（笑）。

「えっ、俺、こんなところが一番安心できるの？」と思った反面、「確かに、ここなら安心できる、ピッタリだ！」という感覚があって、おかげさまでとてもおもしろい体験をさせていただきました。

萩原　それはよかったです（笑）。

もうお一かたからの感想文も紹介しますね。

こちらは短いものですが、とてもよくまとめられていると思います。

「私は、催眠で人生が変わりました。後悔ばかりだった過去に感謝できるようになり、不安でしかなかった未来に希望を持つことができるようになりました。ネガティブ思考がハッピー思考になり、大嫌いだった自分を愛おしいと思えるようになりました。

そして、どんなに辛い状況でも抗うことなく、これを乗り越えた先には、成長した自分がいると信じて、楽に生きられるようになりました」

催眠には人生を劇的に変えたり、自分にとって必要なものが得られる実用性がある

保江 今、先生にご紹介いただいた体験者のかたがたのお話を聞いていて、催眠というのが、とても実用性があるということがよくわかりました。
昔、女優のシャーリー・マクレーンたちが中心になって編集していた、スピリチュアル系のジャーナルが発行されていたのですが、そのタイトルを決めるときに、発行の目

的が実用的な記事を紹介するということから、「プラグマティック」という言葉が飛び交っていたんだそうです。

みんなで「プラグマティック、プラグマティック」といっていたら、中にろれつが回らない人がいて、つい「プラグマジック」と口走ったことから、シャーリー・マクレーンが「それおもしろい、それにしよう」といって、結局、実用的でかつマジカルな『プラグマジック』がジャーナルのタイトルになったというのです。

今、ご紹介いただいたかたがたの体験談をお聞きしていても、催眠は、まさに人生を劇的に変えられるプラグマジックといえるんじゃないでしょうか。

実際にやってみれば、何らかの効果が得られる。

催眠には、そんな実用性があることが非常に重要なポイントですね。よくスピリチュアルな分野で言及されているようなことはほとんどが観念の世界で、いくら本を読んだりセミナーを受けても、実際には望んだものが手に入らないことが多いんですね。

だから、いくらそんなことをしていても結局はないものねだりで、それよりも、先生がやってらっしゃる催眠を学べば、自分にとって必要なものがすぐに手に入っちゃうから、そのほうが早い（笑）。

プラグマジックという造語は使えないでしょうが、これまでの話を踏まえて、催眠という言葉に代わるものがないか考えてみたいですね。

先生もおっしゃられたように、どうしても昔の催眠術の怪しいイメージがつきまとっていて、本当の催眠のすばらしさが世間一般に伝わっていないような気がします。

催眠は、武術や芸術などの「術」と名がついているものすべてに応用できるわけですし、合気にしても従来の言葉に代わる、誰もが「それはすばらしい」と思えるもっといい呼び名がほしいですね。

茂木健一郎さんが、「アハ体験」の前に「クオリア」という言葉を流行らせましたが、あまり定着しなかったですよね。

例えば、古神道でいう「中今《なかいま》」のような、夢中にしてくれる「夢中学」とか……。

萩原　誰もが気軽に使えるライトな感じの言葉がいいですよね。

保江　そういえば、宇宙人から中今の状態をつくり出す機械の作り方を教えてもらって、別の世界に行く『コンタクト』という映画がありましたが、催眠、イコールコンタクト、でどうでしょうか？

『コンタクト』という映画は、ジョディ・フォスターが主演で、人類が地球外の知的生命体と接触したときに起こりうる事態を想定した、科学と信仰というテーマを扱ったSF映画ですが、原作者は宇宙科学ドキュメンタリー『コスモス（宇宙）』で知られるカール・セーガン博士です。

映画『コンタクト』に秘められた歴史秘話と、催眠に代わる言葉「コンタクト」

保江　ジョディ・フォスターが演じる主人公の女性科学者が、26万光年彼方の星から発信される素数信号をキャッチし、その中には惑星間航行ができるワープ装置の設計図が仕込まれている。

それを製作して時空を超え、宇宙人とコンタクトをはかるというストーリーなんですが、その星で待っていたのは、すでに亡くなっていた彼女のお父さんの姿をした宇宙人だったという設定です。

しかもおもしろいのが、最初の飛行実験装置がテロリストによって破壊されてしまうんですが、その宇宙船の予備機をつくっておいた場所が、日本の北海道だったのです。

その予備機を使ってみごとその星に行けたわけですが、それは地球上では一瞬の出来事だったために、彼女がその間、星にテレポートして宇宙人に遭遇したことを話しても最初は誰も信じなかった。

ところが、後で船内の様子を撮影していた映像を確認したところ、映像時間が72時間も経過していたことがわかって、彼女の証言が真実だとわかるわけです。

では、なぜ予備機を準備させたのが北海道だったのかというと、原作者のカール・セーガンが、終戦時にマッカーサーが日本側に要求して手に入れた、ある資料を分析していたためです。

それは、聖徳太子が遺した皇室秘伝の巻物で、そこには音を使って意識を変容させる方法について書かれており、それを手に入れた米軍は、アメリカの優秀な科学者たちに分析させた。

そのメンバーの一人が、カール・セーガンだったわけです。

ようするに、皇太子が天皇に即位するとき、「夢殿《ゆめどの》」と呼ばれる特別な場所で、様々な音を組み合わせながら深い催眠に入って覚醒する、これが現人神になる秘儀で、その方法を聖徳太子が巻物として遺しておいたのです。

そもそも、夢殿（上宮王院夢殿）は、聖徳太子一族の住まいである斑鳩《いかるが》の宮があった場所に建てられていた八角形の建物で、それが7世紀の中頃、戦乱の中で焼失し、それを惜しんだ法隆寺の高僧行信が、同じ地に夢殿を含む上宮王院を建立。のちに、その上宮王院は法隆寺に統合されていきました。

夢殿は、昔は「今殿」と呼ばれていたそうです。

つまり、今の中にいる、イコール古神道の中今であって、本来、今中は夢の中という意味なんです。これが「夢中」という言葉の意味で、これこそまさに催眠です。

ようするに、意識を催眠状態にするための場の装置が聖徳太子の夢殿だった。

そのことを、カール・セーガンが知っていたために、日本に敬意を表する意味で、あえて北海道を現代の夢殿の舞台にしたのです。

これが、映画『コンタクト』の裏話ですが、夢殿という夢中になる装置がコンタクトなら、先生がなさっている催眠こそ、コンタクトと呼んでよいのではないでしょうか？

お医者さまである先生から、「皆さんコンタクトをしましょう」といわれれば、誰もが催眠という言葉の先入観に囚われずに、安心して親しめるようになるでしょう。

萩原　確かに、「コンタクト」という言葉は、二人の間の枠組みを超えてつながるという意味があるので、いいかもしれませんね。

それに、潜在意識は海の底というイメージもあるので、深海とコンタクトするという意味にもとれる……。

保江　僕が昔から大好きなＵＦＯや宇宙人の業界では、宇宙人と遭遇した人のことを「コンタクティ」と呼びます。

ですから、先生の催眠療法を受けたかたは全員がコンタクティになるし、コンタクトに導く催眠療法士はコンタクターと呼べます（笑）。

なぜなら、催眠状態になれば、天使でも宇宙人でもどんな存在ともコンタクトできるわけですから。

それに、コンタクトは真実を見るという意味もあります。

萩原　そうですね。コンタクトなら全部含まれていますよね。

保江　僕が常々「人を見たら神様と思え」と伝えているのも、内なる神とのコンタクトだし、すべての概念を含むのが、コンタクトですね。

やはり、コンタクトがいいですね。

萩原　はい（笑）。

Part 7

潜在意識・神様の世界とのつながり方

顕在意識と潜在意識の間にある「判断の膜」とは？

萩原　先生に、催眠に代わるとてもいい言葉を考えていただいたので、じゃあ、どうすればそのコンタクトができるのかについて、私のほうから少し説明させていただきます。

前に述べたように、普段、私たちは知的で理性的な顕在意識と、直感や感情的な潜在意識をほぼ1対9の割合で使っているわけですが、その間に、「クリティカルファクター」と呼ばれる見えない膜のようなものがあります。

それは、8歳から9歳くらいの間にできてきて、顕在意識と潜在意識を隔てていくといわれています。

ということは、7歳くらいまではその膜がないか緩んだ状態なので、ほぼ潜在意識のみということになります。

そして、8歳くらいから膜が張られてきて、潜在意識に余計な情報を入れないようにしたり、小さい頃の傷、インナーチャイルドの記憶が出てこないようにしているわけです。

そのため、この膜は、「判断の膜」とか「知性の関所」と呼ばれています。

それともう一つ、よく、顕在意識と潜在意識はシーソーのような関係になっているという説明もされています。

両方合わせて100%として、どちらかが優位に動いていると片方の動きが弱まる。そこで、顕在意識が20%で潜在意識が80%くらいのときが催眠状態で、顕在意識が究極の0%になったときに見るのが夢なのではないか、という捉え方です。

いずれにしても、顕在意識と潜在意識の間に膜のようなものがあるということを聞いたとき、私は「そんなこともあるのかなぁ」と思っていたのですが、確かに脳科学的に見ると、脳幹から大脳皮質にかけて網様体賦活系《たいふかつけい》と呼ばれる系があって、その活動が高まったときに意識レベルは高まり、逆にその活動が下がれば意識レベルが低くなって催眠や睡眠に入ることから、この網様体賦活系がいわゆる「クリティカルファクター」、「判断の膜」なのかなとも思えます。

この網様体賦活系は、頭文字を取って「RAS」と呼ばれているんですが、例えば、「赤い車」が気になっていると、街に出たら赤い車ばかりが目につくといった現象もこのR

ＡＳの働きです。
それが催眠と関係しているんじゃないかと思えて、脳科学にもお詳しい先生のお考えをお聞きしたいんですがいかがでしょうか？

保江　実は、僕の『脳と刀』の１０５ページに、その脳幹網様体について書いてあります。僭越ながら、その部分を引用させていただきます。

「極度の精神集中と緊迫感に満ちた過酷な身体運動を続ける中で稀に生じるゾーン体験における得意な精神的内面の現れについては、それが脳幹網様体賦活系《のうかんもうようたいふかつけい》の働きによるものであり、洗脳や催眠術のメカニズムと共通している部分が多いことが脳科学による研究から解明されるようになった。そして、通常では意図的には生じないゾーン体験を洗脳や催眠術と同様の手法を用いて誘導する研究までもがなされているのだ。
　脳幹網様体は脳内に同時に入ってくるすべての感覚刺激を篩にかけ、選ばれた感覚情報のみを大脳皮質に伝えることで何らか限られた感情情報だけを意識するように自我を騙す役割を持っているのであった。そこで、結果として脳幹網様体の活性を制御して都合のよい感情情報だけを意識させ、都合の悪いものを意識させないようにするということが考えられるが、それが催眠術や洗脳の作用機序に他ならない。脳幹自体は爬虫類にも見られる古い脳組織であるため、網様体の活性を制御するためには原初的な感情などを内面に生み出すように働きかける必要がある。特に、強い恐怖感や快楽感など、爬虫類的な原初の感情を利用すると効果的であることまでもが判明しているようだ。

催眠術においては、被験者に対して非常に心地よく聞こえる独特の声がきっかけとなって脳幹網様体のスイッチが入り、その後は聴覚から送り込まれる施術者の声のみが選ばれた感覚情報として大脳皮質に送り込まれてしまう。催眠術は短時間で脳幹網様体の活性を誘導してしまうが、これを長い期間をかけて行うのが洗脳と考えてよい」

今から20数年前に起きた、自我の殻が破れて裸の王様になれたある出来事

保江　すっかり忘れていましたが、このときに、「催眠術は脳幹網様体の活性を誘導して原初の感情だけを意識させるのではないか」という推論はしていたのです。

萩原　すごいですねー。催眠と脳幹網様体の関係について論じた脳科学的な仮説は見たことがないです。催眠療法を学んでいるかたでも、「ＲＡＳ」についてはご存知ないかたが多いですから……。

それが十年以上も前に、先生が喝破しておられたとは驚きです！

保江　いえいえ、僕の思い込みで、「これだ！」と思ったことは断言しちゃうんですよ。

萩原　直感（観）なんですね。今まではなんとなく膜のようなイメージだったんですが、今の先生の説明を聞いてよくわかりました。

保江　当時、僕がこの原稿を書いていた頃に、まさにその膜のような僕の自我が破れた経験がありました。そのときのお話をしてもよいでしょうか？

萩原　はい、ぜひ聞かせてください。

保江 その頃、僕は岡山にいて、まだ大腸がんの手術をする前だったので、今から20数年前の話です。

当時、トヨタ自動車の豊田英二会長の呼びかけで、10人ほどの物理学者が集められて、空飛ぶ車の原形としてのUFOをつくる計画があったのですが、僕もその中の一人として呼ばれていました。

そのプロジェクトを取りまとめる役が、当時の特命係長さんでしたが、その2年後に英二会長がお亡くなりになって、経営陣から、「こんなことが世間に知れたら株が暴落するぞ」という雰囲気でストップがかかり、結局、そのプロジェクト自体が中止になったのです。

それでも、その特命係長さんとは気があって連絡を取り合っていたのですが、あるとき、彼が岡山に来られる機会があってお会いし、市内のホテルにあるカフェテリアに入りました。

店員さんに案内されて、いったんは席に着いたのですが、僕はなぜか嫌な感じがして、「ちょっとごめん、別の席に替えてもらえませんか?」といったら、

「ずっと奥の柱の向こう側にある席が空いていますが、あまりいい席ではございません」との返事。それでも、

「あぁ、そこでかまいません」とそちらに替えてもらったわけです。

そこで、特命係長さんと世間話をしていたら、彼の娘さんがひきこもり状態になってしまっているという話になりました。

何とかしてあげたくて学校の先生に相談すると、学校心理士か臨床心理士にお願いしたらどうかと提案されたのですが、彼は、「そんな、最近名称ができたような、よくわからない人たちには娘を託せない」と断ったそうです。

彼はそこで、ご神事などによく携わっている僕のことを思い出したらしく、「信頼できる霊能者を紹介してほしい」というのが彼の要件だったのですが、僕は内心、「でも、自称霊能者なんてろくな人がいないからな……」と思っていました。

なぜそう思ったかというと、実はちょうどその前日に、知人とある霊能者のお宅を訪ねていたからです。

その知人からは、「岡山県と広島県の県境に、昔、安倍晴明が天体観測に来ていた阿部

山があって、その山の中腹に鞍馬寺で修業をされた畑田天眞如《はただてんしんにょ》という年輩の女性がいる。ぜひそのかたに会いたいので連れて行ってほしい」と頼まれていました。

突然、隣のテーブルの女性が話しかけてきた

保江　畑田天眞如さんは、95歳を超えた今も天眞如教苑の苑主としてご活躍ですが、当時は、僕もまだご本人にお目にかかってはいませんでした。

僕の車で阿部山まで案内したのですが、知人は、「すごい霊能者だから、きっと僕が行くことはわかっているはずだ」とアポを取っておらず、実際に着いてみたら、天眞如さんは九州まで講演旅行に出かけていて留守でした。

「じゃあ、参拝だけでもさせていただこう」ということで、本殿の中に入れてもらったら、襖の鴨居に何やらお包み袋がずらーっと並べられているのが見え、

「なんや、すごい霊能力者といっても、結局、ここも金満主義やないか。もう帰りましょう」ということになって、すぐにそこから退出しました。

それで僕は、

「実は、昨日もすごい霊能者と思われている人のところに行ってみたら、やっぱり金満体質になっていて、信者の寄付金ののし袋をずらーと鴨居に飾っていたんですよ。霊能者なんてそんなのばっかりです。

だからもう霊能者はやめて、ちゃんとした学校心理士か臨床心理士にお願いしてくださいよ」と、彼を説得しようとしていたのです。

僕が語気を強めて話していたら、突然、隣のテーブルにいた女性がすくっと立ち上がって僕のところに近づいてきて、こう話しかけてきました。

「あのー、私どもは、年金でしか暮らしておりませんのよ」

僕は意味がわからず、「えっ、何？」とポカーン顔をしていたら、

「今、私どもが信者さんからいただいた寄付金ののし袋を飾っているような、金満体質だとおっしゃっていたでしょう」と続けられ、そこでやっと、事態が呑み込めたのです。

「えっ？　もしかしたらこの女性が、畑田天眞如さん？」

その瞬間、僕は頭の中が真っ白になりました。

まさか、前日には九州旅行に行かれていたはずの天眞如さんが、今、僕と特命係長が座っていた隣のテーブルにいて、僕たちの話を聞いていたとは?!

しかも、最初に店員から通されたテーブルが何か嫌な感じがして席を移ったことで、ご本人に悪口を聞かれることになったというその偶然（という必然？）。

まさに、「穴があったら入りたい」、そんな恥ずかしさでいっぱいでした。

そこで、僕の脳裏をよぎったのは、今、僕の精神が破綻しないためには2つの選択肢しかないということ。

一つは、「今の話は、あなたとは関係ありません」と完全にシラを切る。もう一つは、脱兎のごとくわき目もふらずにその場から逃げる。

「どうしよう？」と思って僕が天を仰いだ瞬間、不思議な現象が起きました。

カフェテラスの天井に、ピシピシピシという音とともにヒビが入ったかと思うと、僕に向かって薄いガラスのかけらのようなものがパラパラと落ちてきたのです。

僕は反射的に「危ない！」と思って避けたんですが、実際には何も落ちてはいませんでした。

すると、さっきまでの僕のいたたまれなかった気持ちがスッと晴れて軽やかになり、天眞如さんに向かって、

「すみませんでした。僕の理解不足でした」と素直に謝ることができたのです。

天眞如さんは、

「いえいえ、わかってくださったらそれでいいんですよ。私には予知能力なんてありませんので、今度来てくださるときは、前もってここにお電話をくださいね」と、笑いながら名刺をくださいました。


我の殻が厚い人は放っておくとがんになりやすい、だから殻を破ってやろうと思った

保江　そのやりとりを傍で見ていた特命係長さんは、
「今のやりとりを見ただけで、自分としてもスッキリしました」と、本当に必要なときには必要な人が現れるということに気づかれたようで、

「今日あった話を娘にもしてやります」とおっしゃってくださいました。

天眞如さんとはそれから親しくさせていただくようになったのですが、彼女は若い頃、姑にいじめられて京都の鞍馬山で自殺を試みるも、サナートクマラ（魔王尊）に死ぬことを止められ、勧められるままに鞍馬山での修行に入り、「天眞如」の称名を賜った後に得度したということでした。

そして、醍醐寺において伝法灌頂《でんぼうかんじょう》（阿闍梨という指導者の位を授ける儀式）を受けて阿闍梨となった、すごいおかただということが後にわかりました。

あるとき、思い出話になって、僕が天眞如さんに、

「あのときは本当に失礼しました」と謝ったら、

「別に悪口をいわれたっていいのよ。でもあのとき、あなたは我の殻がすごく厚くなっていた。我の殻が厚い人は放っておくとがんになるから、あなたの殻も少し破っておいてあげないといけないなと思ったのよ」と教えてくれました。

僕はすかさず、

「じゃあ、あのとき天井からパラパラと落ちてきたガラスの破片のようなものは、僕の我の殻だったんですね」と聞いたら、

「えっ、あなた、あれが見えていたの。なかなかたいしたものじゃない」といって笑ってくださったのです。

しかも、最初に伺ったときに、本殿でのし袋に見えていたものは、よく見たら信者さんからの寄付金袋ではなくて、天眞如さんが各地の神社からいただいてきた大切なお札だったのです。

今、萩原先生から顕在意識と潜在意識を隔てる膜の話を聞いて、あのときの僕の体験は、その膜が破れる体験だったんじゃないかと思います。

ですから、あのとき、天眞如さんが僕に声をかけてくれて僕の自我の膜が破れたように、先生の催眠の言葉で、クライアントさんの膜が破れるんじゃないでしょうか。

萩原　金満体質の霊能者だと思っていたその女性が、はからずも先生たちのテーブルの隣の席にいて、その場で先生の自我の殻を破ってくれた……。

すごい話ですね！

保江 九州に講演に行っていた天眞如さんが、阿部山のご自宅に帰るためにいったん岡山駅で降りて、昼食を取るためにたまたま僕らと同じホテルのカフェに入った。座ったテーブルの隣に、どういうわけか僕たちがやってきたというわけです。

あのとき、我の殻を取ってもらっていなかったら、僕もくりこみだらけになって、今のような裸の王様にはなれなかったんじゃないかと思います。

まさに、天眞如さんという裸の阿闍梨様とのコンタクトによって、裸の王様になれた（笑）。

萩原 先生にはまだ、地球に残ってやってもらわなくちゃいけないことがあるから、きっとそのときに神様がそうされたんでしょうね。

神様の計らいが、コンタクトをもたらした（笑）。

保江 確かに、僕が最初に通されたテーブルに座ったままでいたら、コンタクトは起きなかったですね。

あのときにコンタクトできたのは、天眞如さんご自身が大変苦労され、鞍馬山で修業されたのちに阿闍梨になられ、ずっと人々の健康と幸せのためにご尽力されているすばらしいご婦人だったからです。

彼女は、某大手グループ会社の創業者に気に入られて、「あなたはずっとここにいるように」といわれたこともあったそうです。

ところが、しばらくそこにいるうちに、そのままでは自分がダメになると思って一人で天眞如教苑を興されたくらいですから、結局、彼女も先生と同じ、コンタクターなんでしょうね。

萩原　そのかたは、本当にすばらしいおかたなんでしょう。

コンタクトをするためには、メモやノートは取らないほうがいい

保江 では、どうすればコンタクトができるか、つまり催眠に入って潜在意識とつながれるかというと、ご自身が催眠状態にある萩原先生のようなかたの傍に行ったり、講演会やセミナーに参加したり、あるいは、実際に催眠療法を受けるのが早いと思います。

つまり、先生のようなくりこみが外れた裸の王様と同じ場を共有することが大事なのですよね。

英語の意味がわからなくても、先生のお知り合いがアメリカ人の催眠療法専門家のワイスさんから誘導を受けたときだけはいっていることがわかったように、先生のお話を一所懸命に左脳で理解しようとしなくても、同じ場にいるだけで催眠状態になる。

それが、一番早いコンタクトの方法になるのではないでしょうか。

それと、コンタクトをするには、そこで先生の話の内容をいちいちメモしたりしないことも大事ですね。

実は、僕も小・中・高・大と、一度しかノートを取ったことがありません。

ノートを取ったのは、先述した、大学に入ってまだ学生ストライキが始まる前に、大ファンだった先生の数学の授業を受けたときの一度だけです。

そのときの先生が本当にカッコよくて、あんな先生のようになりたいと心底思ったからでしたが、他の授業では一切ノートを取りませんでした。

僕は50歳からの2年間で、物理学の専門出版社から9冊のシリーズ本を出すことができたのですが、実はその記念すべき第一巻目は、僕の唯一のノートに書かれていた内容である「ヒルベルト空間」についての記述をそのまま書き写しただけです。

その一巻目のまえがきにも、僕が憧れていた数学の先生のことを書かせていただいたのですが、その許可をいただくのに、30年ぶりに手紙で連絡を取りました。

そうしたら、すぐにお返事をくださって、「あのときの自分の至らない授業を、こんなにもきちんと見てくれていた学生がいてくれたということを今知って、本当に嬉しい。でも、それはあくまでも君のノートなのだから、ぜひ君の名前で本にしてください」と許可を与えてくださいました。

第一巻が出版されてから、その本を届けるために先生がいらした仙台まで出向いて、久しぶりにお会いして一緒に楽しくお酒を酌み交わすことができました。

それからしばらくして先生は他界されたのですが、僕にとっては本当に幸せな思い出です。

話がそれましたが、それくらい僕にとっては憧れの先生で、しかも美しい数式に感動したからこそそれを書き留めていたのですね。

ただ、そこで潜在意識の世界とコンタクトをするためには、基本的にはメモやノートは取らないほうがよいと思います。

なぜなら、憧れることで真似をしようとするのは右脳ですが、分析的に理解しようとするのは左脳の働きです。

催眠というコンタクトには、右脳の活性化が重要ですからね。

萩原　なぜかはわからなくても相手をまるごと好きになったり、理屈抜きに憧れるというのと、こういう理屈だからと分析しながら取り入れることとはまったく違いますからね。

コンタクトは、なんとなく起きている……（笑）。

保江　確かに、まったく思いがけない形で天眞如さんにお会いできたのも、僕がカフェで最初に通されて座った席がなんとなく嫌ーな感じがして、すぐに移動したからです。

つまり、自分がそのときになんとなく感じたことに対して、頭でいろいろ考えずに素直に動いてみることが大事なのでしょうね。

コンタクトするには、「なんとなく……」を大事にするといい（笑）！

萩原　確かに、それはいいですね。

いい換えれば、日頃からできるだけ頭を柔らかくしておくということでしょうね。

健康のためには筋肉のストレッチが大事なように、頭も適度にストレッチしておくと催眠に入りやすい、コンタクトしやすいんじゃないかと思います。

頭を柔らかくするには、古代中国の「タオ（道）」の考え方やインド哲学の世界観がとても役に立ちますが、それと、パイロン・ケイティさんの「ワーク」（＊コラム）もお勧めです。

ケイティさんのワークは、「①それは本当ですか？ ②それが絶対に本当だとあなたにわかるでしょうか？ ③その思考について考えるとき、あなたはどう反応するでしょうか？ ④その思いがなければ、あなたは誰でしょうか？」と、自分に対して4つの質問をしながら、自分の無意識の思い込みを解除していく方法です。

ようするに、意識の使い方をより柔らかくしておくことが大事で、そうすると現実の見え方そのものが変わってくるということでしょうね。

■コラム バイロン・ケイティの「ワーク（The Work）」とは？

世界のあらゆる苦しみを引き起こしている考えを突き止め、問いを投げかける方法。ケイティ自身が編み出したシンプルながらパワフルな探求方法で、それによって心の変化を生み出すことができ、その結果、ベッドから動けず、自殺衝動に悩まされていた彼女は、人生がもたらすあらゆるものへの愛で満たされるようになった。

方法は、ワークシートに次の4つの質問を書いて静かに自分のハートに問いかけるだけ。

①それは本当ですか。
②それが絶対に本当だと、あなたにわかるでしょうか。
③その思考について考えるとき、あなたはどう反応するでしょうか。
④その思いがなければ、あなたは誰でしょうか。

この「ワーク」は、知的に考えて答えを出すのではなく、より深い知恵に身を浸す、つまり、自分に問いかけてからじっとハートの声が応えるのを待つこと。

それによって、外の世界の答えではなく、自分の中にある答えを得られるようになる。

量子物理学の基盤を固めた科学者の、「すべては意識の産物に過ぎない」という発言

萩原　そこで、ぜひ保江先生にお尋ねしたいんですが、20世紀の著名なドイツ人科学者で、量子物理学の基盤を固めたといわれているマックス・プランク博士が、意識についてこんなことを語っているらしいんですが、この内容をどう思われますか？

「私にとって、『意識』の模索は最も根源的なテーマ。すべての物質は意識の産物に過ぎません。私たちは意識の根源を探求することはできない。認識できる万物の存在は、すべて意識に基づいているから」

保江 へえ、プランクはそんなことを公言していたんですか！

萩原 はい、すべては意識の産物に過ぎないと教えているわけですが、量子力学から見てそういえるんでしょうか？

保江 今のプランクの発言を聞いて、驚きとともに、その反面、なるほどとも思えますね。そもそも、マックス・プランクという人は、今でいう古典物理学が華やかなりし頃、世界のトップを走っていたドイツの物理学会の中でも、最先端の研究で知られたベルリン大学の教授という頂点の立場にいた物理学者です。

その権威たるやものすごくて、今の物理学の世界にも比肩《ひけん》する人物がいないほど影響力は絶大、プランクは「量子論」の生みの親の一人としてもよく知られています。

彼が、量子物理学の基礎を築いたといわれているのは、当時、ヨーロッパで発明された溶鉱炉の温度を測定するための光の研究をしていたのがきっかけでした。

溶鉱炉の中で物質を熱すると光を発しますが、温度が上がるにしたがって光の色が赤色から黄色、そして青白色に変化していきます。

けれども、当時の物理学では、溶鉱炉から出てくる光の色の温度変化の説明ができませんでした。

そこで、プランクは、従来の理論を組み合わせた「半経験的理論式」によって説明するという考察を発表してノーベル賞を受賞し、その後、この理論式がどのような物理から導き出されるかを突き止めたのです。

それは、光のエネルギーは不連続にしか変化できないので、飛び飛びの値として計算しないとその式が導き出せない、つまり、エネルギーはそれまで考えられていたように連続的に変化するのではなく、不連続に変化する。

ようするに、エネルギーの最小単位hν（hはプランク定数、νは振動数）の整数倍（1倍・2倍・3倍等）でしか変化しないということです。

そこで、プランクはエネルギーの最小単位を「量子」と命名したのですが、古典物理学の範囲ではエネルギーの不連続性については依然不明のままで、1909年にアインシュタインが発表した「光量子仮説《こうりょうしかせつ》」を待つしかありませんでした。

光量子仮説とは、「光は粒子のように粒々になって空間内に存在している」という説で、これによってプランクの理論と実験観察が整合することがわかったのです。

つまり、古典物理学のトップであったプランクが、世界で初めてエネルギーの最小単位を量子と名付けたことによって、アインシュタインや「量子論の育ての親」といわれるニールス・ボーアらが、そのような考え方もあるのかと量子の研究をするようになったということです。

当時の物理学会を牽引していた世界トップの物理学者たちは、みんな神がかりだった

保江　プランク以外の物理学者がそんなことをいっても、誰も相手にしなかったでしょうが、世界的権威であった彼が量子と命名したことで、その後の量子力学や場の量子論へと発展していったわけですから、その量子論の生みの親が、今ご紹介いただいたように意識の働きについて言及していたとは、僕もまったく知りませんでした。

でも、その反面、あのプランクだからこそ、そのような見方ができたんだろうなと納得がいきます。

なぜならプランクは、それまでまったく誰も考えつかなかった、「エネルギーは不連続な粒々である」というアイデアを完全調和の神様からいただけた、つまり、彼もコンタクティだったと思えるからです。

彼は、自分が見ているこの世界は何によって生じているのかをずっと探究し続けていましたから、直接、意識の深い世界にコンタクトができたんでしょうね。

実は、プランクだけでなく、当時世界の物理学界を牽引していた世界トップの物理学

者たちの多くは神がかりでした。
例えば、波動関数を含む量子力学の基本方程式で知られるシュレーディンガーは、クリスマス休暇をアルプスの山小屋で女性と一緒に過ごしていたときにその方程式が閃いた。
不確定性原理によって量子力学に絶大な貢献をしたハイゼンベルクも、花粉症で不眠になったため離島に避難して、ある日の明け方に朝日を見ようと山に登ったところ、朝日とともに方程式が脳裏に映し出された、などなど……。

萩原　先生も、アウトバーンをものすごいスピードで走行中に方程式が脳裏に浮かんだんですよね。

保江　はい。いずれにしても、そんな自分の頭ではつくり出せないような奇抜なアイデアをいただける人は、みんなコンタクティだからなのではないでしょうか。
ノーベル物理学賞を受賞したスイスの天才物理学者パウリもそうです。

僕がジュネーブ大学にいたときのボスだったエンツ教授は、パウリ博士の最後のお弟子さんだったのですが、実はパウリは精神病で、彼の治療に当たっていたのが精神分析医のカール・ユングだったのです。

二人は、患者と精神分析医として交流していたのですが、ユングは超能力にも関心を持っていたので、パウリに「超能力は物理学ではどのように捉えられるのか」についていろいろと質問をして、それをテーマに二人で共著も出しています（『自然現象と心の構造』海鳴社）。

そんな二人が場の量子論を電磁場に応用した量子電磁力学の理論をベースに、テレパシーについて論じている共著論文の手書き原稿もあって、それは結局、パウリの遺族から出版を止められていたのですが、僕はエンツ先生からその原稿を見せてもらいました。

そこには、「頭蓋骨はマイクロ波よりも長い波長の光を通す。ということは、人と人の間には頭蓋骨を超えたマイクロ波が飛び交っている。だからテレパシーも伝わる」などといったことも書かれていました。

プランクの話に戻すと、彼の名がつけられたドイツの「マックス・プランク研究所」は、今も物理学の研究では世界のトップを走っています。

そんな偉大な功績を遺してくれたプランクが、意識についてそのような見解を述べていたとは、本当に勇気づけられます。

「私」という存在を認識しているのは、泡と泡の間から見ている完全調和の「神」である

萩原　ということは、先生もこの内容にご納得されるということですよね？

保江　はい、もちろん！　僕も物理学者ですが、そのような体験があるだけ、余計にそう思えますね。

僕は、湯川秀樹先生が晩年研究されていた「素領域理論」という基礎理論を継承させていただいているんですが、この基礎理論は、量子論を専門にしている物理学者ですら

気づいていない、この宇宙空間そのものの微細構造に関する理論です。

一言でいうと、素粒子が発生する前に、まず10のマイナス32乗センチメートル程度の極微の泡のような超微細空間の最小単位が無数に発生し、その泡の中に様々な素粒子やクォークと呼ばれるエネルギーの波（振動）が生まれては、他の泡に飛び移っているという仮説です。


もちろん、これが正しいかどうかは、この仮説から出発して量子力学を矛盾なく数学的に記述する必要があるわけですが、湯川先生は数学があまり得意ではなかったので、たまたま僕が、現代数学の枠組みを使ってこの素領域理論が正しいことを証明できたのです。

それが、アウトバーンで脳裏に浮かんだ数式で、素領域理論の基本方程式を数学的に表現できていました。

この方程式は、量子力学のシュレーディンガー方程式を導くもので、しかも、泡から泡にエネルギーが飛び移る確率までもが導けることがわかったのです。

つまり、なぜ量子力学が成り立つのかというと、この宇宙の構造が泡のような微細構造の集まりだったからなのです。

しかも、その泡と泡の間をエネルギーという振動（波）が飛び移るのが素粒子の運動であり、その確率はシュレーディンガー方程式から求められるということまで証明できたわけです。

ところが、僕はそれからがんになって2分30秒間死んだり、その後、天使に助けられたり、いろんな不思議体験をする中で、魂の世界や意識についても探究するようになって、そうした形而上学的なものは、物質を構成する泡の中ではなく、泡と泡の間に存在するということがわかったのです。

そして、泡と泡の間のことを「完全調和」とか「神様」と呼んでいるわけですが、そこは、泡の中にしか存在できない素粒子でできている我々の認識の延長線上にはないものです。

つまり、「私」という存在を認識しているのは、素粒子で構成された物質としての自分ではなく、泡と泡の間から見ている完全調和であり、それを「魂」や「神」、「宇宙意識」

などと呼んでもいいと思いますが、その泡の外にあるものの総体としての「神」が、素粒子で構成される泡の中の「自分」を認識しているわけです。

もし、観察される対象と観察者が同じ素粒子と物質（泡の中の存在）であるならば、対象を認識することはできません。

唯一、認識できるのは、観察者が泡の外に存在している場合だけです。

ですから、素領域理論に基づけば、プランクのいうように、「物質は意識の産物に過ぎない」し、「私たちは意識の根源を探求することはできない」ということになります。

ようするに、私たちはみんな神の一部であって、その総体である神が、物質や生命を生み出しているということです。

主体としての意識、私たちの魂は、脳という物質を超えた完全調和の側にある

保江　ということは、主体である神の意識を泡の中の自分に完全に移すこともできる。

これこそが催眠、コンタクトであって、それを周囲にも移せるのが裸の王様なのでしょう。先生のおかげで、プランクはまさに素領域理論のすぐ傍まで到達していたということがよくわかりました。

萩原　プランクさんの世界観は、どちらかというと東洋思想に近く、知性や理性よりも、むしろ直感的なもののような気がしますが……。

保江　確かに、ドイツの科学者たちの背景には、ドイツ特有の世界観というか哲学のようなものがあって、それはどちらかというと直感的なものです。

ドイツ以外のヨーロッパの国々では、哲学や神学を見てもわかるようにほとんど理屈で固められていますが、特にドイツの科学者たちは、神に全託しました。

それによって普遍的な真理を得て、その真理に基づいて科学を発展させてきたのです。

プランクの思想は、それまで注目されていなかったボーアやハイゼンベルクらによって発展的に引き継がれ、量子力学の礎《いしずえ》となりました。

だから、プランクはコンタクティだったと同時に、周りの人を巻き込むコンタクターでもあったわけですね。

神の世界にコンタクトをした科学者といえば、「リーマン幾何学」の生みの親である大数学者、リーマンもしかりです。

ドイツ生まれのリーマンは、30代のときに受けた大学の講師採用試験のための講義の際に、それまで誰も取り上げていなかった「空間の構造」をテーマにしました。

つまり、リーマンは、空間の構造はマクロなスケールで見たら曲がっていて、ミクロのスケールでは粒々の離散的な構造になっていると捉えたわけですが、その後、アインシュタインが、リーマン幾何学をベースにした一般相対性理論によって、マクロなスケールでは空間は歪んでいるということを示しました。

また、「近代数学の創始者」と称されたドイツ人ガウスも、天体の運行に関する理論において最小二乗法の原理を発見し、「神の恩寵によってこの公式を見出すことができた」

と語っています。

こうした点も、おそらく彼らは神の啓示を受けていた、すなわちコンタクティだったという証拠なんじゃないかと思います。

萩原 偉大な科学者たちは、物質を超えた世界とコンタクトしていたということですね。

保江 はい。人間の意識、心の働きに関していうと、あの脳科学の大家であるペンフィールドでさえ、いろいろと探究を重ねていって、最後の最後に、彼の墓石に刻まれた一言は、「やはり心は脳にはなかった」……。

萩原 主体としての意識、私たちの魂は、脳という物質を超えた泡の外、先生がいわれる完全調和の神様の側に存在しているということなんですね。

その神様の側とつながるのが催眠であり、コンタクトだということがよくわかりました。

今回の先生との対談をとおして、一人でも多くの皆さんに催眠のすばらしさについて知っていただければ嬉しいですね。

このような貴重な機会をいただいて、本当にありがとうございました。

保江　こちらこそ、先生のおかげで多くの重要なことに気づかせていただいて、最後にあの偉大なプランクまでがこちら側の科学者だったとわかって、とてもスッキリしました。どうもありがとうございました。

おわりに

保江邦夫

今回の萩原優先生との対談は、50年以上の長きにわたって「合気」と呼ばれる武道の究極奥義のからくりを追い求めてきた僕の人生に、まさに終止符を打ったといえるほどに、保江邦夫にとって極めて意義深いものとなりました。

その意味で、萩原先生の洞察に充ち満ちた広くて深い内面のみならず、その賢者の風貌までもが宮本武蔵を導いた沢庵和尚を彷彿とさせるものだったことに感動を覚えています。

もし、この出会いによる貴重な教えをいただくことがなかったなら、僕はいまだに実は「合気」の核心に到達することができていたという事実に、気づけていなかったことでしょう。

まさに、萩原優先生は、僕にとっての導師でいらっしゃるのです。

本文でも語ったように、僕は数年前から「スプーン曲げ師」と呼ばれるバーディーさんという人物に会うたび、彼が本物の超能力者であることを確かめるために、いわゆるマジシャンとかメンタリストを自称する人たちにはできない無理難題を突きつけてきました。

それをことごとくクリアされるたびに、いつしかバーディーさんがどうやって超能力に開眼したのかについて興味を持つようになった僕は、明窓出版にお願いして彼の人生について大いに語っていただく機会を設けていただいたのです。

その内容は、バーディーさんとの共著、『マジカルヒプノシスト　スプーンはなぜ曲がるのか？』（明窓出版）に詳しく載っているのですが、バーディーさんの超能力開眼のきっかけというのが、「催眠術」だったということ。

現代に「合気」の神業を遺してくださった我が師、大東流合気武術宗範・佐川幸義先生は、次のように語っていらっしゃいました。

「……若い頃は、瞬間催眠術でピタッと攻撃を止められれば、そんなに便利なことはないと思ってやってみたが、誰にでもかかるというわけではないし、雰囲気を準備しておかないとかかりにくいのだ。それに、不意の攻撃に対してはちょっとできないね……」

佐川先生は、この前後で、呼吸法や気功などは一切意味がないとまで断言されているにもかかわらず、催眠術というものについては微妙な言い回しをされていることからして、「合気」の本質が催眠術と強く関わっている可能性を、無視することができないのは事実です。

とはいえ、実際に催眠術を間近に見る機会もなかったために、それ以上に論考を進めることはできませんでした。

それが、「稀代のスプーン曲師」と讃えられてきたバーディーさんの正真正銘の超能力もまた、催眠術の修行の上に生じたという事実を知らされた僕は、ぜひとも催眠の科学的メカニズムを専門家、特に催眠を病気治療に応用している医学者に教えていただきたいと考えたわけです。

まさに、そんなベストタイミングのときでした。

スピリチュアル系のテーマに科学的な視点で切り込んでいく稀有な編集者として著名な小笠原英晃さんが、我が国の催眠療法分野における第一人者である医師・萩原優先生との対談企画を提案してくださったのは。

もちろん、一も二もなく快諾して実現した今回の対談は、僕の期待を裏切ることがなかったなどという言葉ではとうていいい表すことができないほどにすばらしい結論に導いてくれ、「合気」のメカニズムを突き止める半世紀以上に及ぶ長旅にも、終止符を打つことができました。

それだけではありません。

「合気」と催眠が同根だったことが判明し、そもそも人間生活における日常的な行動のほとんどが催眠によって維持されているという、驚くべき真実までもが浮かび上がってきたのです。

この世は催眠、いや「コンタクト」によって神に与えられた正真正銘の「エデンの園」でした。

そう、論理や理性という知恵の実さえ食さなければ、誰もがこの地上の天国から追放されることなく、嬉しく楽しく人生を謳歌することができる！

これが、聖書にすら記述されている真実中の真実。
そして、ここまで読み進んでくださった皆さんへの僕、保江邦夫からの贈り物です！

読んでいただき、ありがとうございました‼

萩原　優（Masaru Hagiwara）

イーハトーヴクリニック院長。医学博士。広島大学医学部卒業。東京女子医大外科で３年間の医療錬士を経て、聖マリアンナ医科大学第一外科にて消化器外科、内視鏡的診断・治療、緩和医療に従事。第一外科講師、准教授を経て３０年以上に渡り大学病院に勤務し、平成１７年３月退職。平成１８年9月より１９年３月まで「森の診療所」院長を勤める。

現在は、イーハトーヴクリニックの院長、聖マリアンナ医大客員教授、ＮＰＯ法人ほあーがんサポートネットワーク代表、日本医療催眠学会理事長などを務めながら、精神面を重視した統合医療と催眠療法を実践しつつ、その普及に努めている。

元日本外科学会指導医、元日本消化器外科学会指導医、日本消化器病学会指導医、日本消化器内視鏡学会認定専門医、ＮＰＯ法人ほあーがんサポートネットワーク代表、日本ホリスティック医学協会専門会員、ABH（米国催眠療法協会）マスターインストラクター、NGH(米国催眠士協会)インストラクター、IHF（国際催眠連盟）マスターインストラクター、ブライアン・Ｌワイスプロフェッショナルトレーニング修了、ソマティックヒーリング・インストラクター、日本メンタルヘルス協会公認カウンセラー。

著書『がんの催眠療法』（太陽出版）『前世療法体験ＣＤブック』（マキノ出版）『医師が行う　がんの催眠療法体験ＣＤブック』（マキノ出版）『聴くだけでやせる！ 萩原優医師の催眠ダイエット体験 CD ブック』（マキノ出版）『ドクターがつくった！！聞くだけで花粉症が消えるＣＤブック』『生きることがもっと心地よくなる Q&A スピリチュアル Dr. に聞く！ 人生相談の処方箋』（BAB ジャパン）『前世療法の奇跡』（ダイヤモンド社）『インナーヒーラーが難病を癒す！』（ヒカルランド出版）『ウイルスから体を守る！聴くだけで免疫力が上がる CD ブック』（BAB ジャパン）

保江 邦夫（Kunio Yasue）

1951年、岡山県生まれ。理学博士。専門は理論物理学・量子力学・脳科学。ノートルダム清心女子大学名誉教授。湯川秀樹博士による素領域理論の継承者であり、量子脳理論の治部・保江アプローチ（英 :Quantum Brain Dynamics）の開拓者。少林寺拳法武道専門学校元講師。冠光寺眞法・冠光寺流柔術創師・主宰。大東流合気武術宗範佐川幸義先生直門。特徴的な文体を持ち、70冊以上の著書を上梓。

著書『人生がまるっと上手くいく英雄の法則』、『ＵＦＯエネルギーとＮＥＯチルドレンと高次元存在が教える地球では誰も知らないこと』（松久 正氏との共著）、『祈りが護る國　アラヒトガミの霊力をふたたび』、『浅川嘉富・保江邦夫 令和弐年天命会談 金龍様最後の御神託と宇宙艦隊司令官アシュターの緊急指令』（浅川嘉富氏との共著）、『薬もサプリも、もう要らない！ 最強免疫力の愛情ホルモン「オキシトシン」は自分で増やせる！!』（高橋　徳氏との共著）、『胎内記憶と量子脳理論でわかった！『光のベール』をまとった天才児をつくる たった一つの美習慣』（池川　明氏との共著）『完訳 カタカムナ』（天野成美著・保江邦夫監修）『マジカルヒプノティスト スプーンはなぜ曲がるのか？』（Birdie氏との共著）『宇宙を味方につける こころの神秘と量子のちから』（はせくらみゆき氏との共著）（すべて明窓出版）『願いをかなえる「縄文ゲート」の開き方』（ビオ・マガジン）『語ることが許されない 封じられた日本史』（ビオ・マガジン）『「からだ」という神様 新時代における心身の癒し方』（ビオ・マガジン）『偽キリストはAiと共にバチカンに現れる！』（青林堂）『東京に北斗七星の結界を張らせていただきました』（青林堂）『秘密結社ヤタガラスの復活』（青林堂）他、多数。

奇術vs理論物理学！

本体価格　1.800円＋税

スプーン曲げはトリックなのか、
それとも超能力なのか——

稀代の催眠奇術師・Birdie氏の能力を、**理論物理学**博士の保江邦夫氏がアカデミックに解明する！

Birdie氏が繰り広げる数々のマジックショーは手品という枠には収まらない。もはや異次元レベルである。

それは術者の特殊能力なのか？　物理の根本原理である「人間原理」をテーマに、神様に溺愛される物理学者こと保江邦夫氏が「常識で測れないマジック」の正体に迫る。


かつてTV番組で一世風靡したユリ・ゲラーのスプーン曲げ。その超能力ブームが今、再燃しようとしている。

Birdie氏は、本質的には誰にでもスプーン曲げが可能と考えており、保江氏も、物理の根本原理の作用として解明できると説く。

一般読者にも、新しい能力を目覚めさせるツールとなる1冊。

ここまでわかった催眠《さいみん》の世界《せかい》
裸《はだか》の王様《おうさま》が教《おし》えるゾーンの入《はい》り方《かた》

萩原《はぎわら》　優《まさる》　保江邦夫《やすえくにお》

明窓出版

令和三年六月二十一日　初刷発行
令和六年三月二十日　二刷発行

発行者――麻生真澄
発行所――明窓出版株式会社
〒一六四―〇〇一二
東京都中野区本町六―二七―一三

印刷所――中央精版印刷株式会社

ISBN978-4-89634-435-6

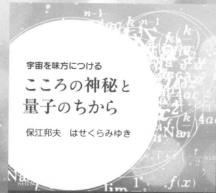